Svarre
Du bist einzigartig

Der Autor
Dan Svarre ist Psychologe und Gründer der ForældreSkolen
(ElternSchule). Als Spezialist für Erziehung, Konflikt-
management und Selbstentfaltung bietet er Eltern und
Lehrern Beratung und Hilfe an.

DAN SVARRE

»Du bist einzigartig«

Starker Selbstwert – starkes Kind

Aus dem Dänischen von Kerstin Schöps

Titel der dänischen Originalausgabe: »Glade børn med højt selvværd –
en forældreguide«
© JP/Politikens Forlagshus A/S 2008
Die Originalausgabe erschien erstmals 2011 beim Politikens Forlag,
Kopenhagen.

www.beltz.de

Alle Rechte der deutschsprachigen Ausgabe:
© 2013 Beltz Verlag, Weinheim und Basel
Umschlaggestaltung: www.anjagrimmgestaltung.de,
Stephan Engelke (Beratung)
Umschlagabbildung: ©Andrew Rich/Getty Images
Gesamtherstellung: Beltz Bad Langensalza GmbH, Bad Langensalza
Printed in Germany

ISBN 978-3-407-85960-0
1 2 3 4 5   17 16 15 14 13

Inhalt

Die drei Grundpfeiler des Selbstwerts

Vorwort

Früher bin ich nie auf den Gedanken gekommen, dass es einen Unterschied zwischen Selbstvertrauen und Selbstwertgefühl geben könnte. Ich hatte noch nicht erkannt, wie grundverschieden diese beiden Begriffe in Wirklichkeit sind. Ohne es zu wissen, hatte ich sie gleichgesetzt.

Heute habe ich erkannt, dass diese Verwechslung der beiden Begriffe – oder sagen wir, ihre Verschmelzung – ihren Ursprung in meiner Erziehung hatte, in der Einstellung der liebevollen Menschen, die für meine Erziehung verantwortlich waren. Denn auch sie hatten die Begriffe nicht unterschieden und waren ebenfalls davon ausgegangen, dass sie ein und dasselbe bedeuten würden. Der Preis dafür sollte sich als hoch erweisen: einige tiefe Wunden in meinem Selbstwertgefühl, die zu einer massiven Beeinträchtigung meiner Lebensqualität führten.

Dafür aber wurde ich mit einer ordentlichen Portion Selbstvertrauen ausgestattet. In einigen Bereichen mehr als in anderen. Und das in so ausreichendem Maße, dass ich die meisten Klippen umfahren konnte. Meine »Grundstimmung« aber war nicht gut. Ich lebte immer im Gefühl, dass ich etwas erfüllen, etwas darstellen müsste, mehr leisten und mehr können sollte, noch mehr erreichen müsste, um mich gut zu fühlen. Meine Seele hatte keine Ruhe, ich empfand eine permanente diffuse Unsicherheit, ohne herausfinden zu können, woher diese rührte. Vieles gelang mir, nur hatte ich keinerlei Erfahrungen damit gesammelt, dass etwas auch richtig schiefgehen konnte. Ich kam ganz gut zurecht, trotzdem ließ meine innere Unruhe nicht nach, sosehr ich mich auch anstrengte.

Mittlerweile hat jedes Puzzlestück seinen Platz gefunden und ich verfüge heute über die wertvolle Erkenntnis, was in meiner Kindheit versäumt wurde (wobei es sich um keine vorsätzliche Unterlassung handelte). Mir ist klar geworden, dass meine Bemühungen lange Zeit nur dazu geführt haben, mein ohnehin ausgezeichnetes Selbstvertrauen zu stärken. Das ist schließlich nicht wenig! Mein Selbstwert, das Gefühl, wertvoll zu sein, blieb aber schwach. In dieser Hinsicht war mein ganzer Elan nur »heiße Luft«! Unbewusst hatte ich jene Strategien fortgesetzt, die ich von meinen familiären Wurzeln her kannte, hatte immer neue und bessere Wege gesucht, meine Fähigkeiten zu verbessern, zum Beispiel klüger und erfolgreicher zu werden. Mein eigentlicher Antrieb war, Lob und Anerkennung zu erhalten – die Wertschätzung meiner Taten durch andere oder mich selbst. Um meinem Selbstvertrauen seine regelmäßige und notwendige Dosis Lob zu verschaffen, spielte ich ewig dieselbe Leier.

Im Laufe meiner klinischen Arbeit habe ich erkannt, welch unschätzbare Bedeutung aufrichtige Akzeptanz und echte Bestärkung für die Entwicklung und den Erhalt unseres Selbstwertgefühls haben. Die Tiefe dieser Erkenntnis und das Verständnis für deren enorme Reichweite habe ich unter anderem den vielen verantwortungsvollen, mutigen und tatkräftigen Müttern und Vätern zu verdanken, die im Laufe der Jahre den Weg in meine ElternSchule (ForældreSkolen) gefunden haben. Die psychologische Zusammenarbeit mit diesen engagierten Menschen und – direkt oder indirekt – mit ihren Kindern hat mir immer wieder gezeigt, dass meine Geschichte kein Einzelfall ist: Mangelnder Selbstwert bei Erwachsenen und Kindern aufgrund der Verwechslung von »Selbstvertrauen« und »Selbstwert« bildet eher die Regel als die Ausnahme.

Es liegt mir sehr am Herzen, mein Wissen, meine Erkenntnisse und Erfahrungen weiterzugeben, die ich im Laufe der Arbeit mit vielen Eltern und deren Kindern in Sachen Selbstwert gewonnen habe. Darum dieses Buch, das auf die fundamentale Bedeutung des Selbstwerts für Kinder wie für unsere eigene Lebensqualität hinweisen will.

Das Gefühl, wertvoll zu sein, ist das Kernstück dieses Buches. Dem Selbstvertrauen wird – wie Sie sehen werden – eine eher zweitrangige Rolle zugewiesen.

Anhand einer Reihe alltäglicher Fälle können Sie sich grundlegendes Wissen über die Unterscheidung von Selbstvertrauen und Selbstwert aneignen. Darüber hinaus möchte ich Ihnen in diesem Buch nahelegen, warum Sie sich bei der Erziehung auf den Selbstwert konzentrieren sollten – und nicht auf das Selbstvertrauen. So erhält Ihr Kind eine optimale Ausrüstung für das ganze Leben.

Ich möchte die Erfahrungen aus meiner therapeutischen Arbeit mit Ihnen teilen, um Ihre Sensibilität für das Selbstwertgefühl zu intensivieren, was einfach und kompliziert zugleich ist. Sie werden eine Reihe von Kindern und Erwachsenen kennenlernen und eine Reihe von Geschichten lesen, von denen Ihnen manche vermutlich bekannt vorkommen werden.

Bei diesen Fallgeschichten handelt es sich um authentische Konstellationen von Erwachsenen und deren Kindern, bei denen sämtliche Namen geändert wurden. Meine Intention bei diesen Fällen ist es, Kompliziertes zu vereinfachen und psychologische Zusammenhänge so verständlich und nachvollziehbar zu machen.

In meiner therapeutischen Arbeit habe ich immer wieder erlebt, welchen erstaunlichen Effekt es auf Selbstwahrnehmung und Selbstwert hat, wenn Eltern in Wort und Tat Folgendes verinnerlichen:

Kinder aufrichtig bestärken,
statt sie zu bewerten.

Schon an dieser Stelle möchte ich betonen, dass die Anerkennung und Bestärkung unserer Kinder nicht bedeutet, zu allem Ja und Amen zu sagen. Weit gefehlt. Es bedeutet, zu ihnen Ja zu sagen – zu all dem, was und wer sie sind. Was das konkret und im Einzelnen bedeutet, darauf werde ich im Laufe der nächsten Kapitel immer wieder zurückkommen.

Es ist fast so, als hätte man magische Kräfte verliehen bekommen, wenn man beobachtet, wie offensichtlich einfache Anleitungen und Gedanken das Bewusstsein verändern und einen tiefgreifenden Wandel auslösen. Geschieht dies, kann man getrost von einem Leben »davor« und »danach« sprechen.

Allerdings darf nicht vergessen werden, dass es nicht immer leicht ist, sich das Einfache zu erarbeiten. Es ist nicht zu übersehen, wie tief alte, kulturell überlieferte Denk-, Gefühls- und Verhaltensmuster in uns verankert sind. Aber glauben Sie mir: Wie bei anderen Dingen wird es immer leichter und einfacher, je mehr Routine man entwickelt. Sie werden Gefallen daran finden, sobald sich die ersten Ergebnisse zeigen. Und noch mehr Mut gewinnen Sie, wenn Sie Ihr Kind beobachten, wie es innerlich wächst, weil sein Selbstwert und sein Selbstrespekt immer mehr zunehmen. Wenn es immer mehr Ruhe ausstrahlt, wenn es Halt findet in sich und der Gemeinschaft, wenn Sie spüren, dass ihre Verbundenheit stärker wird und damit auch Vertrauen, Freundschaft und gegenseitiger Respekt. Mit einfachen Mitteln wird es Ihnen gelingen, die Lebensfreude Ihres Kindes zu steigern und Ihnen beiden eine Menge Konflikte, Schmerzen, Ängste und Sorgen zu ersparen. Und das Ergebnis? Starker Selbstwert – starkes Kind!

Was ist Selbstvertrauen?
Und was Selbstwert?

Ein Haus bauen

Ich möchte mit einem anschaulichen Beispiel beginnen. Stellen Sie sich vor, Sie bauen ein Haus, in dem Sie sich wohl und sicher fühlen, wo es ruhig und friedlich ist – ein perfektes Zuhause. Es ist ein Ort, zu dem Sie immer wieder gerne zurückkehren, wenn Sie unterwegs waren, um die Welt zu erobern. Sehen Sie dieses Haus vor sich? Sind Sie vielleicht schon dabei, sich Gedanken zu machen über die Fassade, über das Grundstück, die Wohnlage, die Größe, das Baumaterial, die Einrichtung, den Schnitt der Zimmer, wie viele Stockwerke es geben soll usw.? Können Sie sich das Haus vorstellen, wie es da steht und von außen aussieht, wie Sie es einrichten werden?

Und jetzt: Hand aufs Herz – galt Ihr erster Gedanke dem Fundament? Dass Sie in erster Linie für eine solide Grundlage sorgen müssen, um darauf etwas Stabiles und Beständiges zu errichten? Nein, oder? Weil es für uns schlicht selbstverständlich ist, dass ein Haus ein sicheres Fundament hat.

Möglicherweise verhält es sich mit dem Selbstwert genauso. In der Regel gehen wir (so wie es unsere Eltern getan haben) davon aus, dass er sich von alleine entwickeln wird, sobald das Haus steht. Wir müssen es nur solide genug bauen.

Versuchen Sie mal, diesen Gedanken zu Ende zu denken: Je schöner und stabiler das Haus, desto solider ist sein Fundament ... Eine solche Konstruktion trägt aber nicht, denn das Fundament geht der Fassade voraus, es festigt sich nicht von alleine.

Niemand wird bezweifeln, wie notwendig ein stabiles, solides und gut gebautes Fundament ist. Denn es ist klar, was mit einem Haus passiert, das auf einem schwachen oder schlimmer noch: nicht existierenden Fundament errichtet wurde. Und je größer, massiver und schwerer das Haus ist, umso verheerender sind die Folgen.

Mentales Fundament unseres Lebens und des Lebens unserer Kinder ist der Selbstwert. Alles, was wir fühlen, denken und tun, beruht darauf – so wichtig und bedeutsam ist er. Und das Selbstvertrauen? Das befindet sich in allen Teilen des Baus, der auf dem Fundament des Selbstwerts entsteht.

Vereinfacht gesagt:

Selbstwert ist das Fundament unserer Selbstwahrnehmung – Selbstvertrauen und Selbstwert unterscheiden sich fundamental.

Selbstvertrauen und Selbstwert sind so verschieden wie Tag und Nacht. Sie sind so konträr wie Spinne und Elefant.

Das eine hat seinen Ausgangspunkt in dem, was wir tun. Der andere in dem, was wir sind. Wie sich zeigen wird, ist dieser Unterschied voller Spannungen.

Um einen Überblick zu bekommen, habe ich die Bedeutungen der beiden Begriffe in einer Tabelle zusammengefasst:

Selbstvertrauen	Selbstwert
Es geht um das **Vertrauen** in die eigenen Fähigkeiten.	Es geht um das Erleben und die Erkenntnis, **wertvoll** zu sein.
Es geht um das eigene **Tun**.	Es geht um das eigene **Sein**.
Es geht darum, was wir **können**.	Es geht darum, was wir **sind**.
Es geht darum, die eigenen **Möglichkeiten** auszuschöpfen.	Es geht darum, die eigenen **Eigenschaften** anzuerkennen.

Wenn die beiden Begriffe aber so grundverschieden sind, warum werden sie dann so leicht verwechselt? Bei der Beantwortung dieser Frage kann uns die Geschichte von Leon und seinen Eltern helfen. Begleiten wir sie ein Stück auf ihrem gemeinsamen Weg.

Leon reißt aus

Leon ist neun Jahre alt und geht in die 3. Klasse. In der Schule kommt er gut mit und wird oft von den Lehrern gelobt, die ihn als pflichtbewussten, angenehmen und charmanten Schüler wahrnehmen, der in fast allen Fächern gute Leistungen erzielt. Seine Mitschüler mögen ihn auch, sowohl die Jungen als auch die Mädchen. Sie finden ihn lustig. Das Telefon zuhause klingelt oft, weil Klassenkameraden sich mit Leon verabreden wollen. Manchmal ist ihm das fast zu viel.

Brav und ordentlich

Auch Leons Eltern halten ihn für ein einfaches Kind. Er macht praktisch alles, worum er gebeten wird. Ohne zu nörgeln setzt er sich zum Beispiel hin und erledigt seine Hausaufgaben. Er will nicht unvorbereitet in die Schule gehen. Im Haushalt hilft er viel, deckt den Tisch, räumt ab und stellt das Geschirr in die Spülmaschine. Darüber freuen sich seine Eltern und loben ihn. Auch sein Zimmer ist selten unordentlich.

Wenn er Besuch von Freunden hatte, räumt er hinterher unaufgefordert auf, seine Spielsachen stehen alle in Reih und Glied im Regal oder liegen in Kisten. Sogar seine Donald-Duck-Hefte sind ordentlich übereinandergestapelt und nach Nummern und Jahrgängen sortiert. Er kann es nicht leiden, wenn seine Freunde diese Ordnung durcheinanderbringen. Das macht ihn nervös und verdirbt ihm schnell die Laune. Seine Stimmung kippt auch leicht, wenn er beim Computerspielen verliert, manchmal rastet er auch völlig aus. Leon hasst es zu verlieren, was selten vorkommt. Denn am Computer ist er der Beste in seiner Klasse.

Mia, die kleine Schwester

Leon versteht sich gut mit seiner zweieinhalb Jahre jüngeren Schwester Mia. Das war nicht immer so. Immer wieder erzählt seine Mutter die »lustige« Geschichte, wie sie mit Mia aus der Klinik nach Hause kam. Leon wurde zornig, als er begriffen hatte, dass die kleine Schwester für immer in der Familie bleiben würde. Aber so etwas sei ganz normal, wenn man von heute auf morgen »entthront« wird, erklärt die Mutter. Seither haben beide Elternteile das Verhältnis der Kinder als ausgeglichen wahrgenommen. Sie spielen viel zusammen und streiten sich nicht häufiger als andere Geschwister.

Alpträume

Etwa anderthalb Jahre nach Mias Geburt beginnt Leon, unter Alpträumen zu leiden. Fast jede Nacht schreckt er panisch auf, meistens vom selben Traum. Starr vor Schreck wacht er auf, weint und bekommt kaum Luft, weil er glaubt, dass er »gleich von Kobolden aufgefressen« wird. Wenn seine Eltern ihn zu sich ins Bett holen, beruhigt er sich bald und schläft wieder ein. Dieses Prozedere wiederholt sich Nacht für Nacht.

Einige Jahre kehren die Alpträume in regelmäßigen Abständen wieder, stellen in den Augen der Eltern aber kein großes Problem dar. Sie mögen es sogar ganz gerne, wenn Leon bei ihnen im Bett schläft.

Peinliche Geschichten

Ein paar Jahre später beobachten Leons Eltern, wie ihr Sohn, ausgerüstet mit einem kleinen Koffer und seinem Lieblingsteddy, das Haus verlässt und zum Gartentor geht. Er ist drauf und dran »wegzugehen«. Das ist eine der vielen »niedlichen« Geschichten, die Leons Mutter zum Besten gibt, wenn Verwandte und Freunde zu Besuch sind. Leon findet das überhaupt nicht witzig. Er fühlt sich bloßgestellt, wenn die Mutter solche Sachen erzählt. Wenn er sie hin und wieder bittet, damit aufzuhören, tut er es aber nur ganz leise und zaghaft. Die Mutter wischt seine Proteste mit Bemerkungen beiseite wie »Ach, du verstehst überhaupt keinen Spaß« oder »Das war doch so süß«. Leon sieht das nicht so. Er findet es peinlich und fühlt sich vorgeführt. Er hat das Gefühl, sich damals dumm und falsch verhalten zu haben. Er hat den Eindruck, als wäre etwas nicht richtig mit ihm, wenn er immer wieder solche Geschichten vorgehalten bekommt. Aber er schluckt seinen Unmut runter.

Probleme in der Schule

In letzter Zeit hat Leon Schwierigkeiten bei den Hausaufgaben. Er glaubt, dass er sie einfach nicht lösen kann, und gerät vollkommen außer sich. Dann wirft er das Mathematikbuch in die Ecke, sodass die Seiten zerknicken. Hinterher tut es ihm leid und er versucht, die Sache wiedergutzumachen. Ein paar Mal sagt er, dass Mia viel besser in Mathematik sei als er. Das stimmt natürlich nicht, denn Mia geht erst in die 1. Klasse.

Eines Tages ruft die Schule bei den Eltern an und erzählt, dass Leon aus der Mathematikstunde weggelaufen sei. Er habe laut herumgeschrien und dann die Tür hinter sich zugeschlagen. Die Mathematiklehrerin habe das sehr überrascht, denn so ein Verhalten passe gar nicht zu dem sonst so ruhigen und besonnenen Leon. Kurz darauf habe sie ihn bei den Fahrrädständern gefunden. Er habe geweint und einfach nicht mehr damit aufgehört. Dabei habe er vor sich hin gestammelt: »Ich bin der Dümmste auf der ganzen Welt. Ich kann nichts. Alle anderen sind viel besser als ich. Auch egal. Ich hasse die Schule und die anderen. Ich kann genauso gut ganz verschwinden. Mich mag sowieso niemand. Das merkt eh keiner, wenn ich weg bin. Die freuen sich sogar. «

Die Grenze ist erreicht

Leons unmittelbare Reaktion und seine spontanen Worte sind typisch für Kinder und Erwachsene mit einem ernsthaft geschädigten Selbstwert. Leon hat Gedanken dieser Art schon unzählige Male gehabt und hat die Gefühle unterdrückt, die dabei in ihm hochkamen. Unbewusst war es für ihn wichtiger – und das trifft für die meisten Kinder zu –, seine Eltern nicht zu enttäuschen. Darum hat er sich immer wieder zusammengerissen und seine Verzweiflung und Ohnmacht heruntergeschluckt. So lange, bis die emotionale Belastung und Speicherung negativer Energie einen kritischen Punkt erreicht hatten und das Fass zum Überlaufen brachten. Ein einziger Tropfen reichte aus.

Das Gefühl, nicht zu genügen

Leon hat seine ersten neun Lebensjahre damit verbracht, das einfache, angepasste, fleißige und freundliche Kind zu sein. Das war sozusagen ein Teil seiner Überlebensstrategie, die ihm auch gut gelungen ist. Er hat fast alles, was von ihm erwartet wurde, gemeistert. Da er zweieinhalb Jahre Vorsprung zu seiner kleinen Schwester hatte, konnte er seine Fertigkeiten immer an ihr messen – entsprechend groß war sein Selbstvertrauen. Aber mittlerweile ist der Altersunterschied nicht mehr so bemerkbar und Mia überholt ihren großen Bruder bereits in einigen Dingen. Auch nehmen in der 3. Klasse die Anforderungen zu und es macht Leon Angst, dass er seine Aufgaben nicht mehr mit derselben Leichtigkeit meistern kann wie früher. Genau das verlangt er aber von sich selbst und geht davon aus, dass auch die anderen es von ihm erwarten. Allmählich begreift er, dass seine bisherige Strategie nicht mehr funktioniert. Seine Reaktion ist eine Äußerung der schmerzhaften Empfindung, nicht genügen zu können. Daraus resultiert das Gefühl, es nicht wert zu sein, geliebt zu werden. Leon glaubt, dass mit ihm etwas Grundlegendes nicht in Ordnung ist, was für ein Kind eine beängstigende Situation darstellt. Er ist buchstäblich in seinen Grundfesten erschüttert, was sich mehr als deutlich in seinem Verhalten widerspiegelt.

Die Suche beginnt

Leons Reaktion ist – abgesehen von seiner tatsächlichen Verzweiflung über die eigenen schulischen Leistungen – ein unbewusster Versuch, seine Eltern aufzurütteln. Glücklicherweise ist ihm das gelungen. Seine Eltern erkennen den Ernst der Lage und sind bereit, zuzuhören und umzudenken. Sie haben nicht vor, die Episode abzutun und darauf zu vertrauen, dass sich die Sache schon von alleine lösen wird.

Als Erstes nehmen sie sich vor, sich in die Vorgänge in seinem Inneren hineinzuversetzen. Ihnen ist klar geworden, dass gar nicht alles so einfach für ihn war, wie sie immer angenommen hatten. Schließlich musste in seinem Inneren etwas vorgefallen sein, worauf sie nicht ausreichend geachtet hatten, sonst hätte sie seine Reaktion nicht so überrumpeln können. Leons Eltern sind bestürzt darüber, dass er unter einem so gravierenden Selbstzweifel leidet und seine Existenzberechtigung und

Liebenswürdigkeit infrage stellt. Gleichzeitig weckt die Situation aber auch ihre Neugierde.

Sie suchen nach Antworten und tauschen sich mit anderen Eltern aus, lesen Bücher über Kindererziehung und entschließen sich eines Tages auf Anraten eines befreundeten Paares für eine Therapie. Hier eröffnet sich ihnen eine vollkommen neue Welt. Erst jetzt wird ihnen die Bedeutung des Selbstwertgefühls in seiner ganzen Vielfalt bewusst.

Ein schwacher Selbstwert

Im Verlauf des Prozesses erkennen Leons Eltern, wie schwach sein Selbstwert ist und dass er jahrelang versucht hat, diesen Mangel durch Stärkung seines Selbstvertrauens auszugleichen. Das ist ihnen aber nicht aufgefallen. Beide waren der Auffassung, ihren Sohn gut zu kennen. Sie hatten ihn als ein freundliches und fröhliches Kind wahrgenommen, das alle gernhatten, die meisten Aufgaben ohne größere Probleme meisterte und selten trotzig war. Sie waren der Überzeugung, er sei zufrieden, ruhe in sich und vertraue auf seine Fertigkeiten und Fähigkeiten. Das tat Leon auch – ein gutes Stück des Weges zumindest. Aber sein Verhalten hat den Eltern aufgezeigt, dass ein solides Selbstvertrauen nicht ausreicht, um ein Fundament zu bilden. Auch ein starkes Selbstvertrauen kann nicht verhindern, dass ein schwacher Selbstwert zum Einsturz des ganzen Gebäudes führt. Wie hätten sie aber diese Mechanismen erkennen können, zumal sie beide Begriffe als identisch aufgefasst hatten?

Indem sie mehr über die unterschiedlichen Naturen von Selbstvertrauen und Selbstwert erfahren, wird es Leons Eltern möglich, ihren Sohn in der Entwicklung seines Selbstwertgefühls zu unterstützen. Damit sein Hauptaugenmerk nicht mehr auf der Stärkung seines Selbstvertrauens liegt.

Symptome und Handlungen

Wenn Sie Leon in seinem Alltag beobachtet hätten, wären Sie bestimmt auch nicht über die Symptome gestolpert, die er als Zeichen seines wackeligen Selbstwerts entwickelt hat. Die Signale, wohlgemerkt, bevor die Selbstwert-Bombe platzt. Seinen Eltern ging es genauso, als sie die ersten Signale als geringfügig oder sogar normal empfanden. Die Konsequenzen fallen aber selten milde aus. Was nämlich den Weg an die Oberfläche schafft, steht in keinem Verhältnis zu dem, was in Leons Innerem vor sich geht. Er hat nur gelernt, seine emotionalen Reaktionen zurückzuhalten.

Wenn Leon von seiner Umwelt als pflichtbewusst, aber auch als kleinlich, misstrauisch und perfektionistisch wahrgenommen wird, deutet das auf eine tiefgreifende Beklemmung hin. Eine Verunsicherung und Angst, die er zu unterdrücken versucht, indem er sich bemüht, seine unmittelbare Umgebung (Spielsachen, Donald-Duck-Hefte, Kleidungsstücke im Schrank, ordentliches Tischdecken usw.) und seine Handlungen (Hausaufgaben, Computerspiele, Spiele mit Freunden usw.) zu kontrollieren.

Sobald er die Kontrolle verliert, löst das in ihm große Nervosität und Irritationen aus. Und wenn etwas richtig schiefgeht und er zum Beispiel mehrmals hintereinander beim Computerspielen verliert, gerät er völlig außer Fassung.

Auch der Eifersucht und dem Minderwertigkeitskomplex, die Leon gegenüber seiner jüngeren Schwester entwickelt hat, haben die Eltern keine größere Beachtung geschenkt. Auch da kämpfte Leon hart, um seine inneren Konflikte nicht an die Oberfläche kommen zu lassen, damit er weiterhin als einfaches und freundliches Kind wahrgenommen wird. Zu Mia wollte er sogar besonders lieb sein. Das alles hat er getan, um die Liebe seiner Eltern zu gewinnen – oder sie zumindest nicht zu verlieren.

_ine Alpträume, die immer wiederkehrten und lange
_ı, sind Anzeichen für einen geschädigten Selbstwert.
_n hat er immer wieder die Angst durchlebt, gefressen zu
_ıen. Sobald er im Bett seiner Eltern aufgenommen wurde
_ıd in ihren Armen einschlafen durfte, ließ sich seine Angst
sofort besänftigen. Sein tiefer greifender emotionaler Konflikt
blieb aber bestehen und sein Unterbewusstsein hat in seinen
Träumen diesen Kampf fortgesetzt.

Leon zeigte kaum Symptome, im Vergleich zur Vielzahl an
Anzeichen, die Menschen mit schwachem Selbstwert entwickeln können. Weitere Symptome finden Sie im Kapitel »Reise
in die Vergangenheit«.

Leons Eltern haben seine Symptome als normal empfunden.
In gewisser Weise sind sie das auch, wenn wir mit »normal«
eine »normale Häufigkeit« meinen. Wenn die Tatsache, dass
die Symptome allgemein verbreitet sind, uns unachtsam macht,
lassen wir aber unsere Kinder und uns selbst im Stich. Gerade
gehäufte Symptome verlangen, dass man sich mit ihnen ausei-
nandersetzt.

Leon muss, wie viele andere Kinder auch, erst laut aufschrei-
en, damit jemand auf ihn zukommt. Entscheidend ist aber,
wie seine Eltern seine Schreie auffassen und wie sie sich dazu
verhalten. Finden sie ihn ungezogen und schimpfen ihn aus,
in der Hoffnung, dass die Symptome so schnell wie möglich
verschwinden? Oder versuchen sie herauszufinden, was sich
dahinter verbirgt, wie sie entstanden sind, welchen Anteil sie
als Eltern daran haben und wie sie auf Leon zugehen können,
damit die Symptome verschwinden? Glücklicherweise haben
sie sich für den zweiten Weg entschieden.

Alarmsignale

Symptome sind immer Zeichen für ein Ungleichgewicht – das ist ihr einziges und vorrangiges Ziel: als Zeichen – als eine Art Alarmsignal zu fungieren, dass etwas in unserem Körper, in unserem Geist oder in unseren zwischenmenschlichen Beziehungen aus der Balance geraten ist. Ohne Symptome wären wir übel dran. Wie könnten wir ohne sie ein Ungleichgewicht bemerken? Symptome sind überlebenswichtig, darum sollten wir ihnen interessiert begegnen. Nicht weil sie angenehm wären – das sind sie äußerst selten –, sondern weil sie unsere inneren Wachhunde sind. Wir sollten sie freundlich annehmen als Leitfäden (häufig die einzigen), denen wir folgen müssen, um einen tieferen Einblick in unsere Verhältnisse zu erhalten. Denn nur so können wir etwas verändern.

Solange Leons Eltern sein anhaltendes Bedürfnis nach Kontrolle, seine Alpträume und seine Eifersucht als normal bezeichneten, waren sie geneigt, sie als Symptome seines schwachen Selbstwerts zu übersehen bzw. zu ignorieren. Auf diese Weise konnten sie ihnen nicht dabei helfen, die emotionale Instabilität ihres Sohnes aufzuheben. Darum war Leon gezwungen, laut zu schreien.

Der erste Schritt seiner Eltern musste sein, die Symptome anzunehmen und als Alarmsignal anzuerkennen. Der nächste Schritt ist, diesen Hinweisen zu folgen, um Leons Selbstwertschwäche zu heilen.

Gefühle sind ernst

Für Leon ist es wichtig, dass seine Mutter sich bewusst wird, wie sie auf seine Proteste reagiert, wenn sie Besucher mit »lustigen« Geschichten aus Leons Kindheit bei Laune hält. Sie muss seine Einwände und sein Unwohlsein als Symptome dafür er-

er sich nicht nur gekränkt und bloßgestellt fühlt, ~h durchweg als falsch empfindet. Für sein Wohl ist ᴫaggebend, dass die Mutter begreift, dass er sich weder ᴧ, gehört, anerkannt noch ernst genommen fühlt, wenn ᴣeine Einwände wieder und wieder mit der Bemerkung ab-ᴧ, wie »süß« die Geschichte gewesen sei. Er fühlt sich weniger wertvoll, wenn er immer wieder erfährt, dass seine Gefühle als bedeutungslos und irrelevant angesehen und behandelt werden.

Mut zur Veränderung

Das Bisherige war ein kleiner Ausschnitt aus dem Prozess, den Leons Eltern nach seinem Hilferuf durchlaufen haben. Was sie dabei unterstützt hat, ist ihre Überzeugung, dass alles, was sie bisher getan haben, mit den besten Absichten geschah. Darum konzentrieren sie sich jetzt auf ihre Neugier und ihren Wunsch nach Veränderung. Und sie mobilisieren den erforderlichen Mut und die notwendige Tatkraft, die für Veränderungen nötig sind.

Leons Perspektive

Da Leon erst neun Jahre alt ist, nimmt er sein Selbstvertrauen und das Gefühl, wertvoll zu sein, hauptsächlich unbewusst wahr und kann es nicht in Worte fassen. So geht es vielen von uns – unser Leben lang. Dabei sind beide Größen Teil der eigenen Selbstwahrnehmung und Identität. Umso schwerer fällt es, sie zu konkretisieren und mit Worten zu beschreiben. Aber gerade weil sie so subjektiv und in höchstem Maße persönlich sind, gibt es keine objektiven Kriterien, Selbstvertrauen und Selbstwert für alle sichtbar zu machen.

Bei Leon werden sie sich – unabhängig von ihrer Qualität – im Laufe seines Lebens ganz konkret zu erkennen geben. Wie er es auch dreht und wendet, werden sie als ungemein konkrete und präsente Mitspieler in seinem Leben auftreten: in Beziehungen zu anderen, in seinem Familienleben, seinen Freundschaften und in seinem Arbeitsleben. Sie werden eine entscheidende Rolle spielen, wie es ihm im Leben ergehen wird, für seine – wie ich es nenne – »Grundstimmung«. Es ist vor allem die Qualität seines Selbstwerts, die beeinflusst, wie er sich künftig in der menschlichen Gemeinschaft zurechtfindet.

Leons Selbstvertrauen und Selbstwertgefühl – wie auch immer sie sich zu erkennen geben – werden ihre Finger mit im Spiel haben, wenn es um seine Gefühle, seine Gedanken, seine Auffassungen, seine Entscheidungen und seine Handlungen geht. Tag für Tag. Sogar in seinen Träumen werden sie sich durch unterschiedlichste Symbole zu erkennen geben.

Und gerade weil Selbstvertrauen und Selbstwert einen so maßgeblichen Einfluss auf das menschliche Leben haben und weil sie mitentscheiden, wie wir uns entwickeln und unsere Lebensqualität empfinden, ist es hilfreich, sie so konkret wie möglich zu machen.

Darum verlassen wir nun Leon und seine Eltern, um uns einige Aussagen genauer anzusehen, die Kinder und Erwachsene machen, wenn sie sich spontan oder aufgefordert in Sachen Selbstvertrauen und Selbstwert äußern. Dabei lassen sich viele Überschneidungen feststellen. Einige von ihnen habe ich in meiner klinischen Arbeit gesammelt und hier die markantesten einander gegenübergestellt.

Selbstvertrauen und Selbstwert im Vergleich

Selbstvertrauen – aus der Sicht eines Kindes / eines Erwachsenen	Selbstwert – aus der Sicht eines Kindes / eines Erwachsenen
»Ich vertraue auf das, was ich kann. Ich habe Vertrauen in meine Fähigkeiten.«	»Ich bin ein wertvoller Mensch. Ich habe wertvolle Eigenschaften.«
»Ich habe eine Begabung, zum Beispiel kann ich besonders gut …«	»Ich mag mich.«
»Andere brauchen mich, weil ich dies und jenes besonders gut kann.«	»Ich bin für mich und andere wertvoll, weil es mich gibt. Man hat mich gerne.«
»Ich kann mich mit anderen messen. Ich erfülle die Erwartungen, die ich selbst und andere an mich stellen.«	»Ich bin, wie ich bin – im Guten wie im Schlechten. Take it or leave it!«
»Ich bewältige die Aufgaben, die mir gestellt werden.«	»An mir ist alles so, wie es sein soll.«
»Ich gebe mir Mühe. Dafür respektiere ich mich und verdiene es, dass auch andere mich respektieren.«	»Ich bin es wert, respektiert und geliebt zu werden.«
»Ich (und andere) erkennen meine Leistungen an.«	»Die Welt wäre nicht dieselbe ohne mich.«
»Was ich mache, mache ich gut. Meine Leistungen sind spitze, vor allem bei …«	»Ich bin einzigartig und unersetzlich.«
»Meine Leistungen können sich mit denen anderer messen, weil ich mindestens genauso viel dafür tue wie sie. Oft sogar mehr!«	»Ich bin gleichwertig mit meinen Mitmenschen.«
»Für das, was ich tue, habe ich Anerkennung verdient.«	»Ich anerkenne meine Berechtigung zu existieren – so wie die aller anderen auch.«
»Was ich erreicht habe, ist bemerkenswert. Dafür wird man lange an mich denken. (Zum Beispiel, wenn ich Landesmeister im Kugelstoßen bin.)«	»Ich würde schmerzlich vermisst werden, wenn es mich nicht mehr gäbe. (Denn niemand außer mir kann meinen Platz in der Welt, in meiner Familie und in meinem Freundeskreis ausfüllen.)«

Was lösen diese Sätze bei Ihnen aus? Erkennen Sie einige von ihnen wieder aus Ihrem Leben oder dem Ihres Kindes? Wie schätzen Sie jetzt Ihr eigenes Selbstvertrauen ein? Und Ihr Selbstwertgefühl? Oder das Ihres Kindes? Ihres Partners? Ihrer Eltern?

Die Tabelle soll auch veranschaulichen, wie unterschiedlich die beiden Begriffe sind. So gegenübergestellt, wird deutlich, dass Menschen durchaus mit einem gesunden Selbstvertrauen ausgestattet sein können und möglicherweise dennoch einen schwachen – oder nicht existierenden – Selbstwert haben.

Vergleiche und Erwartungen

Selbstvertrauen speist sich grundsätzlich aus unseren Fertigkeiten und Fähigkeiten (unserem Tun, was wir machen und können), während Selbstwert sich aus unseren Eigenschaften ergibt (unserem Sein, d. h. wer wir sind). Wie aber beeinflussen Selbstvertrauen und Selbstwert unsere eigene Selbstwahrnehmung und die unserer Kinder? Darüber ließen sich viele wissenschaftliche Abhandlungen schreiben – unser Ziel ist es, einen einfacheren und direkteren Weg zu gehen. Vorab ein paar übergreifende Gedanken, die Sie inspirieren und ermutigen sollen.

Selbstvertrauen und Selbstwert haben gemeinsam, dass sie nicht angeboren sind. Beide bilden sich erst im Laufe des Lebens – wie fast alles, das unsere Psyche ausmacht – aufgrund von Lernprozessen. Anhand von Erfahrungen entwickeln wir ein konkretes Selbstbild und stellen bestimmte Erwartungen an uns. Gemeinsam ist Selbstvertrauen und Selbstwert auch, dass sie mithilfe von Vergleichen entstehen. Die verschiedenen Seiten in uns stellen wir einander gegenüber. Und ständig vergleichen wir uns mit anderen. Wir vergleichen andere miteinander. Wir messen und berechnen unsere physischen und psychischen Fähigkeiten und setzen sie ab von jenen der Menschen in unserer Umgebung. Vergleichen ist also ein fester Bestandteil der menschlichen Psyche, so entwickeln wir unter anderem unsere individuelle Identität.

Konkurrenz und Veränderung

Eine Möglichkeit, aus dieser Zwangsläufigkeit eine Tugend zu machen, ist zu konkurrieren. Entweder mit uns selbst oder mit anderen. Vergleiche und Wettbewerbe helfen entscheidend dabei, unsere Leistungen und Fertigkeiten zu verbessern. Und das beeinflusst unser Selbstvertrauen positiv.

Nun verhält es sich aber so, dass wir gar nicht umhinkommen zu vergleichen. Ununterbrochen suchen wir nach Unterscheidungen. Unser Gehirn aufzufordern, keine Vergleiche vorzunehmen, wäre so, als würde man das Auge auffordern, keine Sinneswahrnehmung mehr zu registrieren. Natürlich können wir die Augen schließen oder unsere Aufmerksamkeit ablenken, aber sobald eine Sinneswahrnehmung stattgefunden hat, ist der Mechanismus in Gang gesetzt.

Der Drang, Veränderungen und Verbesserungen zu suchen, ist ein fester Bestandteil der menschlichen Natur. Lernen und Menschsein sind unlöslich miteinander verbunden.

Fokus auf das Handeln

Der springende Punkt ist also nicht, ob wir vergleichen, Erwartungen haben und nach Veränderung streben, sondern womit wir unsere Begriffe füllen und wie wir sie im täglichen Leben umsetzen.

Der Punkt ist nämlich, dass wir beim Vergleichen und auf der Suche nach Veränderung anfangen, unsere Eindrücke zu interpretieren, zu bewerten, zu beurteilen und Schlüsse daraus zu ziehen. Praktisch jedes Mal fällen wir ein Urteil. Und genau an dieser Stelle kann die Entwicklung furchtbar schiefgehen. Denn wenn wir nicht besonders aufpassen, sind Bewertungen und Beurteilungen Gift für das Selbstwertgefühl. Entscheidend ist nämlich, ob wir uns auf unsere Fähigkeiten und Handlungen beschränken oder auch unsere Eigenschaften einer Kritik unterziehen. Das Vergleichen und Bewerten von Eigenschaften, sie zueinander in Konkurrenz zu setzen, kann das Selbstwertgefühl ernsthaft schwächen.

Es ist ein grundlegender Unterschied, ob Sie von sich denken: »Ich bin schlecht darin, Türrahmen zu streichen« – oder: »Ich bin ein schlechter, wertloser Mensch.« Es besteht ein himmelweiter Unterschied, ob Sie zu Ihrem Kind sagen: »Dein Wortschatz im Englischen genügt nicht« – oder: »Du bist schlecht.« Und es läuft nicht auf dasselbe hinaus, ob Sie sagen: »Mich nervt es, dass du dich immer aufregst, wenn du verlierst« – oder: »Du bist ein schlechter Verlierer.«

Wir müssen unsere Vergleiche, Deutungen und Bewertungen mit Aufmerksamkeit, Sorgfalt und Vorsicht formulieren.

Was tun wir aber, wenn wir plötzlich das Bedürfnis verspüren, uns zu verändern? Oder zumindest bestimmte Seiten in uns? Oder wenn wir uns wünschen, dass sich unsere Kinder verändern? Oder bestimmte Seiten in ihnen? Oder unser Lebenspartner? Dann sollten wir stets eines vor Augen haben:

Uns Menschen fällt es viel leichter, zu verändern und zu verbessern, was wir tun, statt zu ändern, wie wir sind ...

Leider ist es nicht immer so einfach, Tun und Sein zu unterscheiden, wie die folgenden Sätze zeigen:

»Ich bin ein Chaot!«

»Er ist ein kleiner Rabauke!«

»Bist du total verrückt geworden, oder was?«

»Sie ist so ein süßes Mädchen.«

»Er ist ein sehr kompetenter Handwerker.«

»Sie ist eine gute Mutter.«

»Er ist ein wahnsinnig schlechter Fußballspieler.«

»Auf dich ist einfach kein Verlass. Du bist so unzuverlässig!«

»Du bist echt nicht zum Aushalten!«

»Bist du so lieb und schälst die Mohrrüben?«

Kennen Sie solche Sätze? Können Sie hören, was sich dahinter verbirgt, worauf sie verweisen? Beziehen sie sich auf etwas, das der oder die Genannte kann, oder darauf, wie er/sie unserer Meinung nach ist? Oft ist das nicht leicht zu unterscheiden.

Alte Muster

Die Sätze sollen auch zeigen, dass unsere Alltagssprache mit den Begriffen »Tun« und »Sein« sehr sorglos umgeht. Was wiederum bedeutet, dass nur Zufälligkeiten entscheiden, ob wir das Selbstvertrauen oder den Selbstwert eines Menschen stimulieren, d. h. vergrößern oder vermindern.

Muttersprache und Alltagssprache haben wir von den vorherigen Generationen übernommen. Unsere Begriffswelt ist tief in der Geschichte verwurzelt, entsprechend sind wir als Kinder darauf angewiesen, die Denk-, Gefühls- und Handlungsmuster unserer Eltern und ihrer Kultur nachzuahmen. So geht das schon seit Jahrtausenden.

Wenn Sie eine Fliege an der Wand in meiner Praxis wären, könnten Sie mit Verwunderung feststellen, wie Kinder die sprachlichen und gesellschaftlichen Muster ihrer unmittelbaren Umgebung instinktiv und sehr differenziert nachahmen, sowohl die guten als auch die schlechten Muster, sinnvolle genauso wie unvernünftige Verhaltensweisen. Und obwohl viele von uns dagegen ankämpfen, manchmal vehement, hat dieses Prinzip doch Gültigkeit:»Der Apfel fällt nicht weit vom Stamm«, was in der Regel dazu führt, dass wir mit breiten Pinselstrichen das Gedankengut und die Gewohnheiten unserer Eltern kopieren. Muster sind erblich.

Auf diese Weise schleicht sich die Selbstwahrnehmung unserer Eltern – und damit die Muster ihres Selbstvertrauens und Selbstwertgefühls – mithilfe der Sprache unmerklich in unsere eigene Selbstwahrnehmung. So überlebte auch der falsche Mythos von der Vortrefflichkeit des Lobes, mit dem wir das Selbstwertgefühl unserer Kinder stärken wollen. Die wenigsten von uns fühlten sich im Lob der Eltern erkannt, und doch hält sich dieser»Liebesbeweis« hartnäckig, was ein Beleg dafür ist, mit welchen starken Konventionen und eingespielten Gewohnheiten wir es in Sachen Selbstwert aufzunehmen haben. Aber Sie sind schon auf dem Weg, wirkungslose und schädliche Muster aufzubrechen.

Wie gesagt, erfordert es großen Mut und viel Kraft, ein »Musterbrecher« zu sein. Menschen, die so etwas schaffen, gelten zu Recht als starke Persönlichkeiten. Denn überlieferte Denk- und Kulturmuster aufzubrechen ist immer ein großes Unterfangen, das nicht im Schlaf geschieht.

Allerdings gehe ich davon aus, dass Sie diese Zeilen hier lesen, weil Sie vorhaben, Ihre Sicht auf das Selbstwertgefühl Ihres Kindes (und hoffentlich auch auf das eigene) zu verändern. Sind Sie bereit, diesen Weg zu gehen? Ich hoffe, dass Ihre Motivation für einen Bruch mit überholten Mustern im Laufe der Lektüre bestärkt wird. Denn Sie werden erkennen, dass Veränderungen von so etwas Fundamentalem, tief Verwurzeltem und Persönlichem wie dem Selbstwert Ihres Kindes nicht von heute auf morgen passieren. Clevere Techniken, einfache Rezepte oder schnelle Lösungen reichen dazu nicht aus.

Ihr Bewusstsein, Ihre Begriffswelt und Ihre Alltagssprache werden eine Veränderung durchlaufen. Aufmerksamkeit, Konzentration, Ausdauer, Hartnäckigkeit und tägliches Üben werden Ihnen Schritt für Schritt dabei helfen, alte Denk- und Sprachgewohnheiten aufzubrechen und sie durch neue, tragfähigere zu ersetzen. Der Gewinn wird ein gestärktes Selbstwertgefühl bei Ihnen und Ihrem Kind sein.

Dabei ist Folgendes zu beachten:

> *Du kannst deinem Kind zu keinem größeren Selbstwert verhelfen als dem Selbstwert, über den du selbst verfügst.*

Ich sage das nicht, um Ihnen den Mut zu nehmen, wenn Sie unter einem geringen Selbstwertgefühl leiden. Im Gegenteil: Ich sage das, um Sie anzuspornen, Ihr Selbstwertgefühl wohlwollend zu betrachten und wenn notwendig zu stärken. Im Buch werden Ihnen einige Hinweise begegnen, die Ihnen dabei helfen. Und was Ihrem Kind bei der Entwicklung seines Selbstwerts guttut, stärkt auch Sie. Es ist nicht wichtig, an welcher Stelle Sie ansetzen, da die Arbeits- und Lernprozesse in beide Richtungen funktionieren:

- Wenn Ihr Hauptaugenmerk darauf liegt, das Selbstwertgefühl Ihres Kindes zu stärken, werden Sie unweigerlich auf Mechanismen und deren Effekte stoßen und sie bei sich selbst anwenden.
- Wenn Sie Ihr eigenes Selbstwertgefühl stärken wollen, wird Ihr Kind diese Entwicklung spiegeln und Sie nachahmen.

Es kann also nur gut gehen! Und wenn Sie über ein hohes Selbstwertgefühl verfügen, Ihr Kind aber unter einem geringen leidet, haben Sie die Gelegenheit, sich über die Gründe Gedanken zu machen. In diesem Buch werden Sie passende Antworten finden.

Fähigkeiten machen Selbstvertrauen – Eigenschaften bilden Selbstwert

Fundament aus Eigenschaften

Vor dem praktischen Teil sollten die Begriffe »Fähigkeiten« und »Eigenschaften« geklärt und ihre Funktionen in der Alltagssprache bestimmt werden.

Wenn Ihnen diese Überlegungen zu theoretisch sind, können Sie sie überspringen. Vielleicht wächst das Interesse bei der weiteren Lektüre dieses Buches.

Fähigkeiten – Tun, Selbstvertrauen	Eigenschaften – Sein, Selbstwert
Alles, wozu wir unseren Körper und unseren Geist einsetzen. Alles, was wir mit Worten und Taten umsetzen (hüpfen, tanzen, sprechen, singen, arbeiten, rechnen, lesen, schreiben usw.).	Alles, womit wir zur Welt kamen und was sich daraus entwickelt – dank unserer geerbten Dispositionen (Geschlecht, Körpergröße, Aussehen, Hautfarbe, Temperament, Stimme usw.).
Wir setzen unsere Fähigkeiten und Fertigkeiten ein, um Dinge zu erledigen und Aufgaben zu lösen.	Die Charakteristika, mit denen wir uns und andere beschreiben. Sie bringen unser Sein und Werden zum Ausdruck.
Bestimmte Fähigkeiten setzen bestimmte Eigenschaften voraus.	Unsere Gefühle zählen zu unseren Eigenschaften, so sagen wir z. B.: »Ich bin ein fröhlicher Mensch.«

Fähigkeiten – Tun, Selbstvertrauen	Eigenschaften – Sein, Selbstwert
Werden unsere Fähigkeiten ernsthaft in Zweifel gezogen, berührt das selten unsere Identität – außer wir haben Fähigkeiten zu Eigenschaften werden lassen.	Selbstwert kann sich auch auf etwas beziehen, wozu wir ernannt wurden oder was wir durch Ausbildung erreicht haben (Minister, Kassierer, Bäcker, Violinist, Baron, Dressurreiter, Songwriter usw.).
	Die Art und Weise, wie wir unsere Eigenschaften erleben, hat großen Einfluss auf unsere Identität.
	Werden unsere Eigenschaften ernsthaft in Zweifel gezogen, kann unsere Identität ins Wanken geraten.
	Unsere Fähigkeiten entwickeln wir »auf dem Rücken« unserer Eigenschaften. Sie bilden das Fundament unserer Fähigkeiten.

Hier noch ein paar Beispiele:

Ihr Geschlecht gehört zu den angeborenen Eigenschaften. Wenn Sie eine Frau sind, wird Sie diese Eigenschaft dazu befähigen, ein Kind zur Welt zu bringen. Als Mann werden Sie sich diese Eigenschaft unmöglich aneignen können.

Zu Ihren angeborenen Eigenschaften gehören neben Körpergröße, Aussehen und Temperament auch Sensibilität, Einfühlungsvermögen, Introvertiertheit oder Extrovertiertheit sowie die Disposition der verschiedenen Formen von Intelligenz und vieles mehr.

Inwiefern Sie diese Eigenschaften zur Entfaltung bringen und ihnen eine bedeutende Rolle in Ihrem Leben zuweisen oder ob sie darin ein Schattendasein führen, ist eine andere Frage. Angeborene Eigenschaften können wir fördern oder ignorieren – aneignen können wir sie uns nur, wenn wir den Hauch einer Anlage dazu haben.

Bestimmte Eigenschaften erlangen wir, indem wir verschiedene Fähigkeiten miteinander verbinden, bis sie eine neue

Qualität ergeben. Das geschieht zum Beispiel durch Schule und Universität, die aus dem, was wir *tun* (Medizin studieren, Meisterprüfung, die Landwirtschaftsschule abschließen) etwas machen, das wir *sind* (Arzt, Elektriker, Bauer). Eigenschaften sind also mehr als die Summe unserer Fähigkeiten.

Darüber hinaus gibt es Eigenschaften, die wir durch Ernennung oder Auszeichnung erlangen. Diese Charakteristika haben gemeinsam, dass sie auf eine bedeutsame funktionale Einheit hinweisen, auf die wir uns öffentlich beziehen können, wenn wir sagen, was wir *sind* oder *nicht sind* (Klassenbeste, Kulturwissenschaftler, Leitender Angestellter, Systemkritiker, Radrennfahrer).

Eigenschaften sind immer identitätsstiftend, sowohl angeborene als auch angeeignete, und direkt mit unserem Selbstwert verbunden. So bestimmt unser Verhältnis zu den eigenen Eigenschaften, ob wir uns wertvoll fühlen oder nicht. Einen Angriff auf unsere Eigenschaften erleben wir dementsprechend als Angriff auf unsere Identität und unseren Selbstwert.

Kritik annehmen und artikulieren

Um diese Gedanken zu vertiefen, denken Sie daran, was in Ihnen vorgeht, wenn Sie kritisiert werden. Ganz unabhängig davon, ob Sie Kritik von außen erfahren oder sich selbst kritisieren, erleben Sie die Hinterfragung persönlicher Eigenschaften vermutlich elementarer als negatives Feedback auf Ihre Fähigkeiten und Verhaltensweisen.

Lesen Sie die folgenden Sätze durch und spüren Sie deren unterschiedliche Wirkweise:

Kritik am eigenen Verhalten und den eigenen Fähigkeiten	Kritik an den eigenen Eigenschaften
»Das war nicht besonders klug.«	»Du bist dumm.«
»Jetzt hast du schon wieder gekleckert.«	»Du bist so eine Wutz.«
»Der Kuchen ist viel zu trocken geworden.«	»In der Küche bist du eine richtige Null.«
»Du bist nicht zu unserer Verabredung gekommen!«	»Auf dich kann man sich einfach nicht verlassen.«
»Ich kann diese Aufgabe nicht lösen.«	»Ich bin zu nichts zu gebrauchen.«
»Ich habe schon wieder die Nerven verloren und es an den Kindern ausgelassen.«	»Ich bin eine schlechte Mutter.«
»Ich habe weder Lust noch Energie, den Garten umzugraben.«	»Ich bin ein unverbesserlicher Faulpelz.«

Empfinden Sie die Sätze auf der rechten Seite als abfällig, abwertend und kränkend, so ist das eine gesunde Reaktion. Sie sind diskreditierend und respektlos – ganz egal, in welchem Zusammenhang sie geäußert werden, auch wenn dies »nur im Spaß« oder ironisch geschieht.

Sätze, die uns negative Eigenschaften zuschreiben oder unsere positiven Eigenschaften geringschätzen, greifen uns persönlich an. Ein solider Selbstwert, an dem solche Äußerungen abprallen, ist der einzige Schutz dagegen.

Fähigkeiten kommen hinzu

Eine ganze Reihe von Aufgaben erfordern ganz bestimmte Eigenschaften, um sie ausführen zu können. Erst wenn diese Voraussetzungen gegeben sind, können wir etwas darauf aufbauen und bestimmte Fähigkeiten schulen. Um Konzertpianist zu sein, müssen Sie über eine Reihe bestimmter Eigenschaften in der richtigen Kombination verfügen. Niemand, der eher unmusikalisch ist, ungern reist und Publikum scheut, würde sich dieser Aufgabe verschreiben.

Umgekehrt kann eine Reihe sinnvoller Fähigkeiten und Verhaltensweisen zusammen eine Eigenschaft ausmachen – ein Charakteristikum, das wir annehmen, weil wir uns in ihm wiedererkennen, oder das wir verwerfen, weil wir nicht das Gefühl haben, dass es unserem Wesen entspricht.

Eigenschaften bleiben

Die Kombination von angeborenen und angelernten Eigenschaften macht Sie zu dem einzigartigen Menschen, der Sie sind. Niemand anderes auf der Welt verfügt über ebendiese Mischung. Sie ist einmalig – bei Erwachsenen ebenso wie bei Kindern. Im Alltag wird darauf leider selten eingegangen.

Angeborene Eigenschaften haben Initialfunktion und bilden das Fundament unserer Persönlichkeit. Im Laufe des Lebens können wir aber immer neue Eigenschaften hinzufügen und auf diesem wachsenden Fundament unsere Fähigkeiten ausbauen. So verändern wir uns und bleiben gleichzeitig dieselbe Person.

Ihre angeborenen Eigenschaften sind praktisch unmöglich zu verändern. Das Einzige, was Sie tun können, ist sie ein wenig zu variieren, indem Sie die einen hervorheben und andere kontrollieren. Ablegen können Sie keine.

Eigenschaften und Selbstwert hängen eng zusammen. So ergibt sich unser Selbstwertgefühl daraus, wie wir unsere Eigenschaften wahrnehmen.

Ein gesunder Selbstwert entsteht, wenn wir die einzigartige Kombination unserer Eigenschaften akzeptieren und schätzen. Wir können dieses gute Gefühl pflegen, indem wir unsere Eigenschaften zur Entfaltung bringen, indem wir uns darüber freuen, sie anerkennen und stolz darauf sind. Und indem wir erleben, dass andere Menschen sie ebenfalls akzeptieren und schätzen.

Ein schwacher Selbstwert entsteht, wenn wir unsere Eigenschaften ernsthaft in Zweifel ziehen, sie bewerten und als ungenügend einstufen. Zum Beispiel indem wir uns permanent mit anderen vergleichen und hinterfragen, ob es in Ordnung ist, rothaarig, dunkelhäutig oder schmalschultrig zu sein, ob es »cool« ist, ein Mathe-Genie zu sein, in einer bestimmten Stadt zu wohnen oder ausgefallene Musik zu hören. Wenn wir uns fragen, ob wir zu impulsiv, zu schüchtern oder handwerklich unfähig sind. Ein sicheres Zeichen für einen geschädigten Selbstwert ist es auch, wenn wir beschämt sind, weil uns keine schnellen und schlagfertigen Antworten einfallen, oder unser Äußeres und unser Auftreten als mangelhaft empfinden gegenüber der Ausstrahlung anderer. Ein schwacher Selbstwert kann sogar dazu führen, peinlich berührt zu sein, weil man »zu gut« aussieht und entsprechend auffällt.

Seine Eigenschaften infrage zu stellen,
ist eine ernste Angelegenheit.

»Wenn ich doch nur ...«

Wenn Ihr Kind auf diesen Weg geraten ist und seine Eigenschaften permanent infrage stellt, ist sein Selbstwertgefühl ernsthaft in Gefahr. Denn damit zweifelt es am Fundament seiner Existenz. Hören Sie von Ihrem Kind Sätze wie: »Für diese Aufgabe bin ich einfach zu dumm«, »Ich bin viel zu dünn«, »Wäre ich doch nur wie Lisa«, »Ich hasse meine Sommersprossen«? Beschäftigt sich Ihr Kind mit Fragen wie: »Bin ich eine gute Tochter?«, »Tauge ich als großer Bruder?«, »Bin ich zu groß für die Spielecke?«, »Muss ich ruhiger sein?«?

Fragen wie diese sind Anzeichen dafür, dass ein Zweifel gesät wurde, der persönliche Eigenschaften infrage stellt. Kleine Kinder durchschauen das noch nicht, sondern haben nur das Gefühl, mit ihnen würde etwas nicht stimmen, da die Ansprüche ihrer Umgebung sie überfordern. Was kann ein Kind, das »zu klein«, »zu groß« oder »zu laut« ist, tun, um vermeintliche Mängel zu beseitigen? Was sollte es ausrichten gegen das eigene Wesen, intime Gefühle und angeborene Eigenschaften? Dieses Dilemma lässt Kinder mit einem Gefühl von Verunsicherung und Ohnmacht zurück – und mit einem schwindenden Selbstwert.

Soll man Eigenschaften loben?

Lob könnte die Lösung des Problems sein. Möglicherweise dachten Sie auch schon, Ihrem Kind würde es guttun, wenn Sie ihm sagen, dass es hübsch oder besonders klug ist. Oder einsame Spitze beim Bodenturnen. Oder dass Sie Ihr Kind gerade lieben, weil es so wild ist ...

Sicher wäre Ihr Kind einen Moment lang ermutigt und würde sich angenommen und geliebt fühlen. Sobald Sie aber einzelne Eigenschaften hervorheben, entsteht eine Kette neuer Fragen, die Ihr Kind vor neue Schwierigkeiten stellt: Wie sorgt man dafür, immer hübsch zu sein? Und was ist mit den weniger Schönen oder Menschen, die ganz anders aussehen? Wie liebenswert sind Unsportliche oder Kinder mit schlechten Schulnoten? Was ist mit deren Selbstwert? Und was tun Menschen mit körperlichen oder geistigen Behinderungen? Sind sie dazu verurteilt, selbstwertschwach zu sein? Natürlich nicht. Eine oder mehrere Eigenschaften zu verlieren bzw. nie besessen zu haben, geht nicht zwangsläufig mit einem schwachen Selbstwert einher. Entscheidend ist, jene Eigenschaften anzunehmen, die man besitzt.

*Für einen soliden Selbstwert musst du das ganze Paket
deiner Eigenschaften annehmen.*

Habe ich die richtigen Eigenschaften?

Wenn Ihr Kind immer wieder erlebt, wie Sie bestimmte Eigenschaften von ihm bewerten und hervorheben, nimmt es an, dass es sich um gute Eigenschaften handelt. Wie steht es aber mit den anderen? Sind sie weniger richtig und zufriedenstellend? Und wenn das Kind aufgrund bestimmter Eigenschaften scheitert – seines Aussehens, seiner Sensibilität, seiner zurückhaltenden Art? All das sind Eigenschaften, die den Charakter Ihres Kindes genauso ausmachen, ohne dass sie oft gelobt werden.

Das Kind wird sich fragen, ob manche seiner Eigenschaften falsch sind, was für die Entwicklung seines Selbstwerts fatal ist. Statt die Eigenschaften des Kindes zu loben, sollten Eltern ihm mit Anerkennung, Akzeptanz und Bestärkung begegnen. Nur so entsteht das sichere Fundament eines starken Selbstwerts.

*Ein Selbstwert, der auf der Akzeptanz einiger weniger
Eigenschaften basiert, ist in der Regel schwach.*

Vorsicht bei Erwartungen!

Wesentlich für einen starken Selbstwert ist die Erfahrung, den eigenen Erwartungen entsprechen zu können. Wenn ein Kind das Gefühl hat, bestimmte Erwartungen nicht zu erfüllen, stellt es sich leicht unlösbare Aufgaben. Stimmen sein Aussehen und seine Talente zum Beispiel nicht mit einem bewunderten Idol überein, kann es sich Unmögliches abverlangen, etwa die Aneignung von Eigenschaften, die ihm von Natur aus nicht gegeben sind. Für seinen Selbstwert kann das negative Folgen haben.

Anders verhält es sich, wenn sich die Erwartungen ausschließlich auf Fähigkeiten beziehen, die nicht zwingend Teil der Identität sind. Ein Kind kann zum Beispiel sein Äußeres verändern, ohne dass dies einen tiefgreifenden Einfluss auf den Charakter hinter dem Styling hätte. Das muss das Kind – mithilfe der Eltern – akzeptieren lernen. Natürlich kann es Gesangsstunden oder Schauspielunterricht nehmen, aber ohne die entsprechenden Voraussetzungen kann dieser Leistungsanspruch den Selbstwert schwächen.

Selbstvertrauen und Fähigkeiten

Selbstvertrauen kann hingegen durch äußere Förderung gesteigert werden, wenn das Kind in der Lage ist, am Lernprozess und an den eigenen Fortschritten Freude zu haben. Dafür muss es die Vorstellung und den Anspruch verabschieden, über vermeintlich »richtige« Eigenschaften verfügen zu müssen, die es bei jemand anderem bewundert, und anfangen, die eigenen zu akzeptieren. Diese Haltung hat einen positiven Effekt auf das Selbstwertgefühl des Kindes.

Darum ist es unendlich wichtig, unsere Kinder darin zu unterstützen, Fähigkeiten und Eigenschaften voneinander zu unterscheiden. Dies gelingt am besten, wenn wir mit gutem Beispiel vorangehen und darauf achten, wie wir durch unsere Sprache bestimmte Erwartungen ausdrücken.

*Seine Erwartungen muss man
an seinen Ergebnissen messen.*

Diesen Satz habe ich einmal von einem alten Maurermeister gehört. Damit meinte er, dass wir zwischendurch innehalten sollen, um die Ergebnisse unserer Arbeit genau zu betrachten. Auf diese Weise erhalten wir ein realistisches Bild unseres Könnens – sofern wir unser Bestes gegeben haben. Eine realistische Einschätzung unserer tatsächlichen Eigenschaften ist besser als jede utopische Forderung, die wir an uns selbst stellen.

Der Maurermeister hat im Laufe seines Lebens oft beobachtet, wie Menschen unglücklich wurden, wenn Anspruch und Wirklichkeit nicht übereinstimmten. So etwas kann sich auch in der Berufswahl niederschlagen, die nicht immer den Eigenschaften der Person entspricht. Mancher Elektriker hat immer davon geträumt, Künstler oder Kapitän zu sein. Falsche Erwartungen können sich auch in alltäglichen Verstellungen äußern, zum Beispiel wenn wir so tun, als seien wir weniger schüchtern oder impulsiv bzw. fröhlicher oder interessierter, als wir tatsächlich sind. Bei Kindern kann sich das in ihrem Verhalten in der Schule, bei den Hausaufgaben oder in der Freizeit äußern: »Dann geh ich halt in die Musikschule, wenn Mama denkt, dass ich ihr eines Tages dankbar dafür bin.«

Erwartungen als Wegweiser

Erwartungen sind vollkommen normal. Sie weisen in die Zukunft und entsprechen unserem natürlichen Drang, Dinge zu tun und zu verändern, um Entwicklung zu ermöglichen. Schließlich wünschen sich die meisten Menschen, dass es ein Morgen gibt und Tag für Tag neue Möglichkeiten. Erwartungen sind also ein natürlicher Bestandteil des menschlichen Alltags und Daseins. Wir haben Erwartungen an das Leben, an uns selbst und an andere.

Bei den Erwartungen an unsere Kinder haben wir einige Verhaltensregeln zu beachten, sonst werden sie zu Erwartungen, die unsere Kinder an sich selbst stellen. Das gilt sowohl für bewusste, ausgesprochene als auch für unbewusste, unausgesprochene Erwartungen. Eltern erwarten, dass ihre Kinder ein genauso gutes Leben haben wie sie selbst – wenn nicht sogar ein besseres. Und tatsächlich führen Erwartungen oft zu Fortschritten sowohl beim Einzelnen als auch für die gesamte Gesellschaft.

Kinder würden nahezu alles in ihrer Macht Stehende tun, um den Erwartungen, die an sie gestellt werden – vor allem von Seiten ihrer Eltern –, gerecht zu werden. Oft überschreiten sie dabei ihre Grenzen, manchmal mit fatalen Folgen. Darum folgender Appell:

Erwartungen – insbesondere die an unsere Kinder – sind mit großer Sorgfalt und Vorsicht zu formulieren.

Gerade weil wir älter sind und über mehr Lebenserfahrung verfügen, gehen unsere Kinder davon aus, dass wir wissen, wovon wir sprechen, was zu tun ist und was vom Leben, von sich selbst und anderen zu erwarten ist. Seit ihrer Geburt begegnen Kinder uns mit diesem natürlichen Vertrauen.

Kein anderes Säugetier hat eine längere Entwicklung als ein heranwachsender Mensch. Sie erstreckt sich über einen Zeitraum von einem Viertel oder Fünftel seiner gesamten Lebensspanne. Die ersten 18 bis 25 Jahre verbringt ein Mensch mit intensivem Lernen. So lange dauert es, bis er seine Fähigkeiten trainiert hat und für das Erwachsenenleben gerüstet ist, um sich fortzupflanzen und seinen Platz in der Gesellschaft einzunehmen. Dieser ganze Lernprozess steckt voller Erwartungen. Das ist auch gut so, solange sich diese auf die Fähigkeiten beziehen und das Kind möglichst viele davon erlernt und immer weiter perfektioniert.

Eine geradezu unüberschaubare Menge von Schwierigkeiten entsteht allerdings, wenn Kinder mitbekommen, dass es dabei eigentlich um Eigenschaften geht – dass sie jemand anderes sein sollen als die Person, die sie sind. Denn auch diese Erwartungen machen sie sich zu eigen. Ein Beispiel dafür ist die Geschichte von Simon, Roman und ihrem Vater:

Simon, der Radprofi

Ein Vater macht mit seinen siebenjährigen Zwillingssöhnen eine Fahrradtour. Zu seiner Linken tritt Simon energisch in die Pedale und sieht sichtlich zufrieden aus. Der Vater wendet sich zu ihm und sagt:»Mensch, du bist ja ein richtiger kleiner Radprofi, was?« Strahlend vor Stolz sieht Simon seinen Vater an und strampelt weiter, während ihm der Schweiß von der Stirn tropft. Der Vater dreht sich nach rechts zu Roman, der nicht so begeistert aussieht, und sagt:»Na, wird aus dir auch ein Radprofi?« Roman wirft ihm einen schnellen Blick zu und starrt dann wieder zur Straße.»Will ich gar nicht«, brummt er.

Bemerken Sie das Drama, das sich hier abspielt? Wichtig ist nicht, was der liebevolle Vater sagt, entscheidend ist, wie seine Söhne es aufnehmen. Mit welchen Erwartungen werden Simon und Roman konfrontiert? Und wie empfinden sie diese? Wie sind ihre unterschiedlichen Reaktionen auf die Erwartungen?

Selbstvertrauen und Selbstwert beruhen auf individuellen Vorstellungen, die wir von uns selbst haben, und auf Erwartungen, die wir an uns selbst stellen. Was andere meinen, glauben, denken, empfinden oder sagen, steht auf einem anderen Blatt. Roman kann sich in dieser Szene nicht mit dem Bild des Radprofis identifizieren. Er fährt nicht so gerne Rad wie sein Zwillingsbruder. Hätte ihn sein Vater genauer beobachtet, wie er zu Hause die Verkleidungskiste durchwühlt, wären ihm ganz andere Eigenschaften seines Sohnes aufgefallen. Fahrrad fahren spielt keine wesentliche Rolle.

Das Selbstwertgefühl des Kindes ist in Gefahr, wenn es seinen Vater in diesem Moment so versteht, als sei es eine besonders liebenswerte Eigenschaft, so ausdauernd wie ein Radprofi zu sein – dafür genügt schon ein entsprechender Tonfall des Vaters. Roman wird einen Mangel empfinden, weil er weiß, dass er für den Radsport niemals dieselbe Leidenschaft aufbringen wird wie sein Bruder, auch wenn sie Zwillinge sind. Schließlich ist er ein ganz anderer Mensch als Simon. Romans Interesse, seine Freude und Begeisterung kommen eher zum Ausdruck, wenn er sich verkleidet.

Verschieden sein

Damit Romans Selbstwert keinen Schaden nimmt, ist es wichtig, dass er seine Verschiedenheit akzeptiert, dass die einzigartige Summe seiner persönlichen Eigenschaften wertvoll und richtig ist. Darum muss der Vater Verständnis für Romans Gefühle haben (»Simons Eigenschaften als Radrennfahrer findet der Vater toll, ...«) und ihm dabei helfen, die eigenen Charakterzüge wertzuschätzen (»... aber ich bin ein Verkleidungskünstler und kann so anderen Menschen Freude machen«).

Es ist sicher keine leichte Aufgabe für Romans Vater, denn sein Sohn ist selbst noch nicht in der Lage, die eigenen Gedanken, Gefühlen und Erklärungen in Worte zu fassen.

Ob Simons Selbstwert Schaden nimmt, hängt von seiner Einschätzung der Situation ab. Wenn er wie Roman die Begeisterung seines Vaters als Aufforderung versteht, eine bestimmte Eigenschaft zu verstärken, empfindet er womöglich einen starken Erwartungsdruck. Dann verlagert sich seine Aufmerksamkeit von der aktuellen Tätigkeit »Fahrrad fahren« zum Streben nach der Eigenschaft »Radprofi sein«. Standen vorher Vergnügen und das Erleben des Hier und Jetzt im Vordergrund, hat die gut gemeinte Äußerung des Vaters Simons Fokus auf die Zukunft verschoben. Aus einer Beschäftigung, die er um ihrer selbst willen tat, wurde etwas, das er seinem Vater zuliebe machte, um ihm Freude zu bereiten oder ihn zumindest nicht zu enttäuschen. Die spontane Handlung wurde zu einem Ziel, das es zu erreichen gilt. Simon ist nicht länger frei, den Augenblick zu genießen, sondern befangen in zukünftigen Perspektiven – den eigenen Erwartungen und jenen seines Vaters.

Natürlich ist nichts falsch daran, Ambitionen zu haben und Zielen nachzueifern. Es besteht aber die Gefahr, dass sich das Ganze in eine problematische Richtung entwickelt und der Selbstwert darunter leidet. Denn was geschieht, wenn Simons Interesse für den Radsport schwindet, wenn er eigentlich »nur« Freude hatte, sich körperlich zu betätigen? Riskiert er dann die Liebe seines Vaters?

Eine einfache Alternative

Ich habe dieses Beispiel gewählt, um zu verdeutlichen, was in den Köpfen von Kindern vor sich geht. Eltern können an der Verhaltensweise ihres Kindes ablesen, ob es sich gut fühlt oder nicht. Simons und Romans Geschichte zeigt, dass wir unseren Selbstwert und den unserer Kinder einem unnötigen Risiko aussetzen, sobald wir Eigenschaften charakterisieren, bewerten und gewichten. Ich spreche bewusst von einem unnötigen Risiko, denn es gibt eine einfache Alternative. Versuchen Sie sich vorzustellen, was sich den beiden Jungen eingeprägt hätte, wenn der Vater lediglich beschrieben hätte, was er selbst sieht und erlebt, anstatt die Fähigkeiten anderer zum Thema zu machen.

Das hätte sich in etwa so anhören können: »Mensch, Simon, das läuft ja super. Du siehst richtig glücklich aus. Macht's dir Spaß, mit aller Kraft in die Pedale zu treten?« Dann könnte er sich an Roman wenden und sagen: »Na, und wie geht's dir? Du siehst aus, als hättest du keine besondere Lust. Hab ich Recht?« Roman: »Hm, kann sein.« Und der Vater könnte fortfahren: »Ich freue mich, dass wir drei einen Fahrradausflug machen« – und hinzufügen: »Mir ist aufgefallen, dass es dir mehr Spaß macht, dich zu verkleiden. Oder? Ja, so ist das … jeder mag eben etwas anderes. Weißt du, was mir in letzter Zeit am meisten Spaß macht …?«

Auf diese Weise wären Simon und Roman in der Lage, ihren Wünschen, Bedürfnissen und Träumen Raum zu geben, ohne sich in eine bestimmte Richtung dirigiert zu fühlen. Simon könnte davon träumen, eines Tages die Tour de France zu gewinnen, diesen Traum aber jederzeit wieder aufgeben und ihn durch andere Ziele ersetzen. Sein Vater sollte nicht korrigierend in seine Entwicklung eingreifen, sondern die verschiedenen Wege akzeptieren, die Simon im Laufe seiner Kindheit einschlägt, um die eigenen Eigenschaften zu entdecken und auszubauen.

Kinder haben selten eine klare Vorstellung, wann sie sich im Rahmen ihrer Fähigkeiten und Eigenschaften bewegen. Um unseren Erwartungen zu entsprechen, geben sie immer ihr Bestes, auch wenn die Aufgabe im Grunde unmöglich erscheint und über ihre Schmerzgrenze hinausgeht. Wenn sie das Gefühl haben, dass wir ihre Eigenschaften infrage stellen, tun sie alles, was in ihrer Macht steht, um sich zu ändern – damit die Eltern froh, stolz und zufrieden sind.

Auch wenn wir es nicht immer erkennen, versuchen sich Kinder zu benehmen, zum Beispiel wenn sie ohne zu klagen zur Schule gehen, sich für Radrennen begeistern, mit dem Nägelkauen aufhören, nicht mit dem Stuhl kippeln, sich beim Zeichnen Mühe geben, der Mutter im Haushalt helfen oder dem Vater zuhören, wenn er ihnen Physik erklärt.

Sprache prägt Verhalten

Haben Sie sich schon einmal Gedanken darüber gemacht, dass Sie eventuell ganz konkrete Erwartungen an die Eigenschaften Ihres Kindes haben (oder hatten)? Und dass Sie ihm diese Erwartungen auch vermittelt haben? Sie können es herausfinden, wenn Sie Ihre Umgangssprache unter die Lupe nehmen.

Ich habe ein paar Aspekte zusammengetragen, denen Sie nachgehen können:

- Wenn Sie Situationen und Begebenheiten beschreiben,
  worauf achten Sie am meisten? Ihr eigenes Verhalten oder
  das der anderen? Oder kommentieren Sie in erster Linie
  die Eigenschaften, die Sie hinter dem Verhalten vermuten?
  Verwenden Sie häufig Adjektive, wenn Sie sich oder andere
  beschreiben, zum Beispiel »süß«, »nett«, »scheinheilig«,
  »fleißig«, »faul«, »unerträglich«, »nervig«, »begabt« usw.?
  ⇢ Verhalten: »Ich finde es so schrecklich, dass Jugendliche
  Autos anzünden und sich Straßenkämpfe liefern. Das
  macht mich ganz verrückt. Es ist doch nur ein Fußball-
  spiel. Ich würde zu gerne wissen, was in den Köpfen von
  denen vor sich geht.«
  ⇢ Eigenschaften: »Diese Hooligans sind echte Rowdies.
  Die interessieren sich doch gar nicht für Fußball, sondern
  kommen nur, um sich zu prügeln, diese abgestumpften,
  rücksichtslosen Typen.«

- Welche Ausdrücke und Formulierungen verwenden Sie
  hauptsächlich, wenn Sie über Ihre eigenen Eigenschaften
  sprechen? Haben Sie eher einen positiven oder einen negativen Ansatz?
  ⇢ Positiver Ansatz: »Ich bin stolz über mein Plakat für die
  Sportaufführung. Das hat Spaß gemacht, kreativ zu sein.«
  ⇢ Negativer Ansatz: »Ich bin so verdammt langsam, wenn
  ich mich ausdrücken muss, und kann total schlecht erklären, was ich meine und denke. Anderen fällt so etwas viel
  leichter. Ich fühle mich richtig unfähig.«

- Worauf konzentrieren Sie sich, wenn Sie in unterschiedlichen Situationen auf Ihr Kind eingehen? Auf sein Verhalten? Oder auf seine Eigenschaften, die Sie hinter dem
  Verhalten vermuten? Benutzen Sie dabei oft Adjektive, zum
  Beispiel »süß«, »fleißig«, »faul«, »unmöglich«, »nervig«,
  »hoffnungslos«, »still«, »schüchtern« usw.?

··→ Verhalten: »Mich stört es echt, dass du dich nicht auf die Mathematikaufgabe konzentrierst, während ich versuche, sie dir zu erklären.«

··→ Eigenschaften: »Du hörst nie richtig zu, wenn ich dir etwas erkläre. Immer bist du unkonzentriert. Sitz doch endlich mal still. Du interessierst dich scheinbar gar nicht für Mathematik.«

* Welche Ausdrücke und Formulierungen gebrauchen Sie, wenn Sie die Eigenschaften Ihres Kindes beschreiben? Ist Ihr Ansatz eher positiv oder negativ?

··→ Positiver Ansatz: »Ich finde es total spannend, dass du dich so fürs Segeln interessierst. Ich kann mir gut vorstellen, dass dir das viel Spaß macht.«

··→ Negativer Ansatz: »Immer jammerst du, dass dir langweilig ist, wenn wir im Urlaub sind. Kannst du dir nicht mal einen Freund mitnehmen, damit du nicht immer nur rumhängst?«

Sprache im sozialen Umfeld

Sie sind natürlich nicht der Einzige, der mehr oder weniger deutlich formulierte Erwartungen an Ihr Kind hat. Ihr Partner, andere Familienmitglieder, seine Freunde, Lehrkräfte oder Erzieherinnen begegnen ihm ebenfalls mit Erwartungen. Auch hier kann es hilfreich sein, die Aufmerksamkeit auf die Sprache zu lenken. Verwenden sie Ausdrücke, die sich auf das Verhalten oder auf die Eigenschaften Ihres Kindes beziehen?

Probieren Sie Folgendes aus:

* Seien Sie sich der eigenen Erwartungen an Ihr Kind so bewusst wie möglich. Fordern Sie Ihren Partner und andere

Menschen, denen Sie vertrauen, dazu auf, Ihre Sprache zu kommentieren. Beziehen sich Ihre Erwartungen auf die Fähigkeiten des Kindes (gehen, laufen, Fahrrad fahren, essen, schrauben, hämmern, schaufeln, flöten usw.) oder auf seine Eigenschaften (rücksichtslos, laut, hübsch, nervig, geschickt, klug, still, charmant, unordentlich, Sachensucher, Radprofi, Balletttänzerin usw.)?

- Äußern Sie Ihre Forderungen und Erwartungen so deutlich wie möglich. Statt zu sagen »Das nervt mich tierisch, dass du nie zu Hause mithilfst...«, könnten Sie sagen: »Ich möchte gerne, dass du den Mülleimer runterbringst. Es ist deine Aufgabe und ich erwarte, dass du selbst darauf achtest, wann er voll ist, ohne dass ich dich daran erinnern muss.«

- Sagen Sie explizit, welche Verhaltensweise und Fertigkeit Ihres Kindes Sie erwarten, verändern oder verbessert haben möchten: »Ich will nicht, dass du deine Schuhe alle im Flur auf einen Haufen wirfst. Stell sie bitte in den Schuhschrank.« Seien Sie aber vorsichtig und zurückhaltend, wenn Sie merken, dass Ihre Erwartungen sich auf Eigenschaften beziehen: »Wenn du bloß nicht so ein Chaot wärst und besser auf deine Schuhe achten würdest ...«

- Begleiten Sie das Heranwachsen Ihres Kindes mit Neugier und Aufmerksamkeit. Lassen Sie sich von der einzigartigen Kombination seiner Eigenschaften überraschen. Seien Sie aufmerksam und vorsichtig, wenn Sie sie benennen, und überprüfen Sie jedes Ihrer Worte, wenn Sie das Bedürfnis spüren, sie zu bewerten, sei es durch Kritik oder Lob.

Eigenschaften und Rollen

Im Laufe ihres Lebens experimentieren Kinder mit verschiedenen Eigenschaften und probieren unterschiedliche Rollen aus. Das ist ganz normal und für ihre Entwicklung sehr wichtig. Denn so entdecken Kinder sich selbst und lernen sich im Leben zurechtzufinden. Das macht das Austesten von Rollen und Eigenschaften für die Identitätsbildung unverzichtbar. Kinderspiele sind dabei eine ernste Angelegenheit. Wenn sie »Vater, Mutter, Kind«, »Doktor«, »Räuber und Gendarm«, »Hundebaby«, »Schneesturm« oder »Popstar« spielen, sind sie gleichzeitig auf der Suche nach sich selbst und nach ihrer Position in der Gemeinschaft.

Kinder spielen, um abzuwägen und zu entscheiden, welche Eigenschaften und Rollen sich für sie richtig anfühlen. Sie versuchen herauszufinden, ob es Rollen und Eigenschaften sind, mit denen sie sich im Moment identifizieren können. Je mehr Eigenschaften und Rollen ein Kind testet und anschließend verwirft oder in sein Ich integriert, desto klarer und nuancierter wird sein Selbstbild. Darum ist es wichtig, dass es sich nicht zu früh auf bestimmte Rollen und Eigenschaften festlegt, sondern frei mit allen möglichen experimentieren kann. Wenn wir nicht aufpassen, wird dieser Prozess von unseren Erwartungen gestört.

Heranwachsen braucht Zeit

Es dauert 18 bis 20 Jahre, bis wir die Rollen erlernt haben, in denen wir uns später im Leben orientieren. Ebenso lange dauert es, unsere angeborenen Eigenschaften und Potentiale kennen zu lernen und ein Gespür dafür zu entwickeln, wie wir sie entfalten können.

Sich zu entwickeln ist ein komplizierter Prozess, bei dem wir sehr viel experimentieren und lernen müssen. Das gilt in

Zeiten der Globalisierung mehr denn je, da die Alternativen, zwischen denen wir wählen können, immer unüberschaubarer werden. Sich frei entscheiden zu können, ohne als »Prinzessin«, »Schlaukopf«, »Engel«, »Kämpfer« usw. festgelegt zu werden, ist für die kindliche Entwicklung ideal. Es sei noch einmal betont, wie wichtig Akzeptanz ist, viel wichtiger als jede beliebige Art von Lob. In der Geschichte von Simon und Roman wollte der Vater mit dem Etikett, »Simon, der kleine Radprofi« vielleicht eher seine Anerkennung für Simons sportlichen Einsatz zum Ausdruck bringen und gar nicht die Eigenschaft selbst bewerten. Um das herauszufinden, müsste er in sich selbst hineinsehen: Hat er festgelegte Erwartungen, spürt er Liebe oder Stolz, eine besondere Zuneigung, die ihn Simons Elan höher bewerten lässt als Romans Lust am Verkleiden?

Akzeptiere das Experimentieren deines Kindes mit verschiedenen Rollen und Eigenschaften, ohne sie zu bewerten.

Inspiration durch Vorbilder

Um sich selbst zu entdecken, brauchen Kinder Ihre Eltern oder andere starke Persönlichkeiten als Vorbilder. Diese Rollenmodelle sollen Quellen der Inspiration sein – keine Zwangsjacken. Oder anders gesagt: Ihr Kind soll nicht Sie entdecken, sondern sich selbst. Je authentischer Sie Ihre Eigenschaften und Rollen leben, Verantwortung dafür übernehmen und sie entfalten, desto leichter kann Ihr Kind sich an Ihnen orientieren, wenn es mit eigenen Rollen und Eigenschaften experimentiert. Darum sollten Sie sich Ihrer Eigenschaften und Werte bewusst sein und sie so unverfälscht wie möglich in den Alltag einbringen. Davon profitiert Ihr Kind mehr, als wenn Sie seine Eigenschaften bewerten oder ihm vorgegebene Rollen zuweisen.

Sich zeigen

Ihr Kind hat den größten Gewinn, wenn Sie als Elternteil den Mut haben, sich ganz zu zeigen – mit allen Stärken und Schwächen. Für die kindliche Identitätsbildung ist es am wertvollsten, wenn Sie frei und ungezwungen in Erscheinung treten. Dann wird Ihr Kind es Ihnen nachtun. Mehr hierzu im letzten Kapitel dieses Buches.

Ich persönlich befürworte weder die antiautoritäre Erziehung der 60er- und 70er-Jahre noch das extreme Erziehungsideal der Individualisierung, das in den 80er-Jahren verbreitet war. Man sollte Kinder nicht sich selbst überlassen und hoffen, dass sie sich in eine sinnvolle Richtung entwickeln. Genauso wenig sollten sie zu Egomanen und Einzelgängern erzogen werden. Beide Ansätze deuten eher auf eine Vernachlässigung der Fürsorge hin. Kinder brauchen Erwachsene als Leitsterne, die hell leuchten, damit sie sich an ihnen orientieren können. Allerdings dürfen wir nicht außer Acht lassen, dass nicht der Leitstern das Ziel ist, sondern das überraschend Neue, dem er entgegenstrahlt – das Kind.

Die Freiheit, zu sein, wer man ist

Freiheit empfinden wir, wenn wir das Gefühl haben, »wir selbst« zu sein, »zu uns« stehen zu können, »in uns« zu ruhen. Als Vorbilder unserer Kinder ist es wesentlich, welche Haltung wir uns selbst und unserem Leben gegenüber einnehmen. Entsprechend ehrlich müssen wir mit uns sein, sonst riskieren wir, unseren Kindern widersprüchliche Signale zu senden, wie zum Beispiel: »Mich hat in der Schule keiner gemocht; ich will, dass es dir anders geht.« Oder: »Ich bin hinter meinen beruflichen Möglichkeiten zurückgeblieben, darum erwarte ich, dass du einmal mehr aus dir machst.«

Es ist eine Herausforderung, authentisch zu sein, um Ihr Kind selbstwertstark zu machen. Wie intensiv Sie sich dieser Aufgabe stellen, entscheidet über Erfolg oder Misserfolg – starken oder schwachen Selbstwert.

Eltern sollten also bei ihren Erwartungen gegenüber den eigenen Kindern wachsam sein. Wie wir gesehen haben, mutieren sie schnell zu Forderungen und Überforderungen, die das Kind schließlich zu einem Selbstanspruch umdeutet. Da Erwartungen gerne maskiert auftreten und im Verborgenen wirken, müssen wir skeptisch bleiben.

Ihr Ziel ist es, das Selbstvertrauen und den Selbstwert Ihres Kindes zu inspirieren. Im Folgenden habe ich einige Ermutigungen zusammengetragen, mit denen dies gelingen kann:

Selbstvertrauen	Selbstwert
Werde *etwas*!	*Sei* du selbst!
• Schule deine Fähigkeiten. Werde meisterhaft in dem, was du tust, was du tun musst, was du dir vornimmst und worin du Talent hast. • Übe dich in deinen Fertigkeiten, um zufrieden und froh über das Erreichte zu sein.	• Lerne dich selbst kennen und bleibe dir selbst, deinen Gefühlen, Bedürfnissen, Wünschen, Träumen, Hoffnungen und angeborenen Eigenschaften treu. • Entwickle deine Eigenschaften und lass so neue Fähigkeiten entstehen. • Mache deine Freude, deinen Stolz, deine Haltung und Zufriedenheit zur Richtschnur.

Erinnern Sie sich an verdeckt geäußerte Aufforderungen aus Ihrer eigenen Kindheit? Welche haben Sie am häufigsten gehört? Wie haben sich die Erwartungen Ihrer Eltern in Ihr Bewusstsein eingeprägt? Konnten Sie heraushören, ob Sie aufgefordert wurden, Ihre Eigenschaften zu entwickeln? Oder waren Ihre Eltern damit beschäftigt, Ihre Fähigkeiten zu unterstützen?

Und wie äußern Sie sich gegenüber Ihrem Kind? Was bekommt es am häufigsten zu hören – innerhalb und außerhalb des Elternhauses?

Obwohl Selbstvertrauen und Selbstwert grundverschieden sind, zeigt die Tabelle, dass beide Begriffe unverzichtbar sind. Sein und Tun müssen Hand in Hand gehen, denn Eigenschaften und Fähigkeiten gehören zusammen und sollten eng miteinander verbunden sein. Also ein für alle Mal:

Selbstwert steht nicht über Selbstvertrauen –
beide Begriffe sind grundverschieden. Selbstwert
und Selbstvertrauen können einander nicht ersetzen,
sondern sollten einander ergänzen.

Kehren wir noch einmal zum Bild des Hausbaus zurück. Was ist ein Fundament ohne ein Haus? Ein langweiliger Guss aus Beton, der sinnlos Platz wegnimmt. Und was ist ein Haus ohne Fundament? Eine wacklige Angelegenheit. Mit anderen Worten:

Selbstwert und Selbstvertrauen müssen sich zu
einem harmonischen Ganzen verbinden.

Es gibt aber einen Zusammenhang von Selbstwert und Selbstvertrauen, auch wenn dieser etwas verwirrend ist. Wahrscheinlich vermischen wir darum die beiden Begriffe ständig. Vereinfacht lässt sich die Verbindung so auf den Punkt bringen:

Selbstwert führt zu Selbstvertrauen,
da er eine fördernde Wirkung darauf hat.

Ein Kind mit fundiertem Selbstwert, das davon überzeugt ist, einzigartig und wertvoll zu sein, das sich geliebt und als Mensch geschätzt fühlt, das seine Eigenschaften akzeptiert und anerkennt, wird mit großer Wahrscheinlichkeit auch Vertrauen zu seinen Fähigkeiten entwickeln. Ein Kind mit starkem Selbstwert verfügt über Selbstrespekt, Mut und Schaffensdrang. Solche Kinder begegnen den ihnen gestellten Aufgaben mit Lust und Zutrauen. Sie empfinden Freude dabei, sich weiterzuentwickeln, und wissen, dass ihr Beitrag zur Gemeinschaft als wichtig und wertvoll erachtet wird. Reichen ihre Fähigkeiten bei einer bestimmten Aufgabe nicht aus, versuchen sie entweder sie zu verbessern – oder sie geben das Vorhaben auf und erfreuen sich an den Fähigkeiten, mit denen sie in anderen Bereichen erfolgreich sind. Der kindliche Selbstwert (und damit das Kind selbst) ist durch temporäres Scheitern nicht zu erschüttern und wird keine Gefühle von Versagen und Wertlosigkeit zulassen.

Leider verhält es sich andersherum nicht analog. Oder anders ausgedrückt:

Selbstvertrauen erzeugt keinen Selbstwert.

Es ist quasi unmöglich, Selbstvertrauen in Selbstwert umzumünzen. Nur in seltenen Fällen kann Selbstvertrauen eine fördernde Wirkung auf den Selbstwert haben. Meist zeigt sich dann aber, dass nicht Selbstvertrauen den Selbstwert motivierte, sondern die Fähigkeit, sich selbst zu akzeptieren – das bedingungslose Annehmen der eigenen Eigenschaften, die bis zur Identifikation mit ihnen reichen kann.

Zu viel oder zu wenig Selbstwert?

Alinas Zeichnungen

Da Selbstvertrauen und Selbstwert so verschieden sind, unterscheiden sich auch die Wege, darauf einzuwirken:

Selbstvertrauen *kann* gestärkt werden durch	Selbstwertgefühl *wird* gestärkt durch
Bewerten (positive Bewertung der Fähigkeiten)	Akzeptieren und Bestärken (wahre, authentische Bestärkung der Eigenschaften)

In der linken Spalte habe ich »kann« verwendet, weil es keine Garantie dafür gibt, dass positive Bewertungen einen konstruktiven Effekt auf das Selbstvertrauen haben. Sie können sogar, wie oben gezeigt, ein Risiko für das Selbstwertgefühl darstellen. Hierzu einige Beispiele:

Es ist kurz vor Weihnachten. Die fünfjährige Alina kommt vom Kindergarten nach Hause und überreicht Ihrer Mutter freudestrahlend einen Stapel Zeichnungen. Sie hat sich große Mühe gegeben, ganz unterschiedliche Weihnachtsmotive zu zeichnen. Wichtelmännchen mit großen Hüten, Schnee und Sterne. Hand aufs Herz – wie würden Sie spontan reagieren?

Obwohl ich mich seit Jahren mit der Unterscheidung von Eigenschaften und Fähigkeiten beschäftige, rutscht auch mir in solchen Momenten manchmal heraus: »Das hast du aber toll gemacht!« Früher hätte ich es dabei belassen. Denn auf den ersten Blick ist an dieser Reaktion nichts verkehrt: Alinas Zeichnungen wurden gelobt. Lassen Sie uns die Sache aber genauer betrachten und Alinas eigentliches Motiv zu schenken erkennen.

Die Welt verstehen

Da Alina erst fünf Jahre alt ist, sind Zeichnungen für sie eine der vielen Ausdrucksmöglichkeiten, die Welt zu begreifen und sie mit eigenen Mitteln darzustellen. Das Gleiche gilt für ihre Sprache, mit der sie ihre Bedürfnisse ausdrückt und sich mit anderen austauscht.

Die Zeichnungen sind sozusagen eine Momentaufnahme von Alina. Es ging ihr weniger darum, eine besonders schöne Zeichnung anzufertigen. Wenn sie zeichnet, geht sie ganz in ihrem Tun auf, sie hat nicht die Absicht, eine Künstlerin zu werden, sondern ihr »Gekritzel« hilft dabei, ihr Inneres zum Ausdruck zu bringen. Sobald ihre Freundin Kira vorschlägt zusammen zu spielen, lässt sie den Stift fallen und wendet sich von den Zeichnungen ab.

Schenken

Diesmal war Alina aber fröhlich am Zeichnen. Wenn sie die Zeichnungen mit nach Hause nimmt und überreicht, will sie Ihnen damit eine Freude machen. Sie gibt Ihnen etwas von sich selbst. Und sie wünscht sich, dass Sie es schätzen und daran interessiert sind, ihre Entwicklung zu begleiten. Wenn Sie nun ihre Leistung loben, verlagert sich Alinas Blick weg von ihrer

Freude am Schenken hin zur Bewertung der Qualität ihrer Werke. Sie registriert, dass Freude offenbar mit Leistung zusammenhängt – nicht mit dem Akt des Schenkens. Im besten Fall stärkt das ihr Selbstvertrauen, im schlimmsten macht es sie auf lange Sicht berechnend. Dann wird sie nach Anerkennung hungern und das Gefühl entwickeln, dass sie regelmäßig Leistungen bringen muss, um angenommen zu werden.

Wollen Sie hingegen ihren Selbstwert fördern und dadurch das Fundament einer starken Persönlichkeit legen, gehen Sie den umgekehrten Weg: statt loben und bewerten – akzeptieren und bestärken.

Dank und Fantasie

Der einfachste Weg, um ein Geschenk akzeptierend und bestärkend anzunehmen, ist »danke« zu sagen.

Als Schenkende sucht Alina eine ehrliche und authentische Reaktion, die zeigt, was das Geschenk mit Ihnen macht. Alina möchte feststellen, dass sie Einfluss darauf hat, wie Sie empfinden, dass ihre Persönlichkeit Eindruck auf Sie macht. Je mehr Sie auf die Zeichnungen Bezug nehmen und zum Ausdruck bringen, was in Ihnen vorgeht, desto stärker spürt ein Kind Ihr Interesse und wie wichtig es Ihnen ist. Reagieren Sie also nicht verkopft und sagen Sie nichts, nur um Freude zu bereiten. Das Kind wird das durchschauen und Ihnen sein Vertrauen entziehen. Sind Sie aber aufrichtig von dem Geschenk begeistert, gibt es keinen Grund, das nicht zu zeigen.

Wenn Alina fragt: »Gefällt dir das?«, versuchen Sie Zeit zu gewinnen und kurz über die Frage nachzudenken. Antworten Sie zum Beispiel: »Willst du wissen, ob ich mich freue? Oder ob ich das Bild schön finde?« Während sie darüber nachdenkt, können Sie überlegen, ob Alina nicht mehr unvoreingenommen kindlich sein kann, weil sie von Ihrem Urteil abhängig ist.

Sie benötigen viel Fantasie, um sich von der tief verwurzelten Gewohnheit des Lobes zu lösen. Die folgenden Sätze können Sie inspirieren, Ihr Kind durch den Verzicht auf Bewertungen selbstwertstark zu machen. Sicher fallen Ihnen noch eigene Formulierungen ein.

Selbstvertrauen (Bewertungen)	Selbstwert (Akzeptanz, Bestärkung)
»Das ist aber gut geworden!«	»Danke!«
»Was Ihr für schöne Wichtelmützen aufhabt!«	»Darüber freue ich mich riesig!«
»So viele schöne Sterne!«	»Das gefällt mir sehr!«
»Du bist fantastisch im Zeichnen!«	»Ich mag diese Farben. Die machen richtig gute Laune!«
	»Das sieht lustig aus, wie die auf dem Schlitten die Rodelbahn runtersausen.«
	»Und? Freuen sich die Wichtelmännchen auf Weihnachten?«
	»Hattest du Spaß beim Zeichnen? Das Bild sieht ganz so aus.«
	»Das ist ja ein spannendes Bild. Ich bin ganz neugierig, was die Wichtelmännchen als Nächstes vorhaben.«

Beobachten Sie Ihr Kind. Wenn es von sich aus das Interesse verliert, wenn es keine Aufmerksamkeit mehr braucht, weil es sich Ihrer Akzeptanz und Präsenz sicher sein kann, dann ist es Zeit zu schweigen.

Finn auf der Rutsche

Der achtjährige Finn ist mit seinem Vater auf dem Spielplatz und interessiert sich nur für die Rutsche. Immer wieder klettert er hinauf und rutscht hinunter. Mit den Füßen zuerst, dann mit dem Kopf voran und auf der Seite. Und jedes Mal ruft er seinem Vater zu:»Papa, schau! Papa, guck mal, was ich kann!«

Wie würden Sie als Finns Vater reagieren? Würden Sie rufen:»Ja, das machst du super, Finn«?

Wenn wir jetzt an Finns Stelle einen Sack Kartoffeln oben auf die Rutsche legen würden und ihm einen Stups geben, sodass er hinunterrutscht, wäre das genauso super? Eher nicht. Denn er folgt ja nur der Schwerkraft!

Finn ist also lediglich dabei, einem ganz natürlichen Drang nachzugeben und ein Naturgesetz auszuprobieren. Er testet seinen Körper und die Welt, in der er lebt. Er trainiert seinen Gleichgewichtssinn, seine Ausdauer, seinen Mut usw.

Wenn Sie seine Leistungen wirklich beeindrucken, wenn Ihr Kind etwas Ungewöhnliches für sein Alter oder sein Entwicklungsstadium macht, dann ist es mehr als angebracht, mit Superlativen um sich zu werfen. Ansonsten aber würde das Lob nur hohl und im schlimmsten Fall unglaubwürdig klingen und könnte das Vertrauensverhältnis gefährden. Nutzen Sie die Gelegenheit besser dazu, sein Selbstwertgefühl zu stärken.

Selbstvertrauen – Bewertung	Selbstwert – Akzeptanz, Bestärkung
»Das machst du super, Finn!«	»Ja, ich schau dir zu, Finn!«
»Du kannst aber toll rutschen.«	»Das sieht lustig aus.«
»Super, dass du das auch auf der Seite kannst.«	»Und auf der Seite kannst du auch rutschen? Macht das Spaß?«
»Das ist ja großartig: so oft hintereinander!«	»Du siehst ja fröhlich aus.«
	»Mann, bist du schnell.«
	»Ich bin schon vom Zugucken ganz außer Atem. Hätte ich nur so viel Energie wie du.«
	»Wird dir gar nicht schwindelig, wenn du mit dem Kopf nach vorne rutschst?«

Natürlich freut sich Finn, wenn seine Rutschkünste gelobt werden. Allerdings wird Ihnen bald die Munition ausgehen. Und beim zehnten Mal sind Sie vermutlich schon genervt und entziehen dem Kind Ihre Aufmerksamkeit.

Fallen Ihnen aber Sätze wie in der rechten Tabellenspalte ein, stehen Ihnen unendliche Möglichkeiten zur Verfügung. Dann wird aus Geselligkeit Nähe und aus Zusammensein Präsenz. Und die ist eine der wichtigsten Grundlagen für die Stärkung von Selbstwertgefühl. Dazu mehr im letzten Kapitel, zunächst sollen die beiden Begriffe »Selbstvertrauen« und »Selbstwertgefühl« noch einmal infrage gestellt werden.

Ihnen sind bestimmt schon Menschen begegnet, die Ihnen ein wenig zu selbstsicher waren und zu sehr von sich überzeugt wirkten. Vielleicht haben diese Menschen Bestätigung im Übermaß bekommen, sodass sie ein übertrieben großes Selbstvertrauen und Selbstwertgefühl entwickelt haben. Vielleicht wurden sie zu viel gelobt und blind akzeptiert. Die Gefahr des Lobens besteht gerade darin.

Lassen Sie uns also der Frage nachgehen, ob ein Mensch mit zu viel Selbstvertrauen oder einem zu großen Selbstwertgefühl ausgestattet sein kann.

Zu viel Selbstvertrauen?

Ist es möglich, ein Kind so sehr mit Lob zu überhäufen, dass es zu viel Selbstvertrauen entwickelt? Genauso gut könnte man fragen: Kann man ein bisschen schwanger sein?

Nein. Eine Frau kann weder ein bisschen noch zu sehr schwanger sein. Entweder sie ist schwanger oder nicht. Das ist ein Naturgesetz! Es gibt kein Stadium dazwischen.

So verhält es sich auch mit Vertrauen – und Selbstvertrauen: Entweder man hat (Selbst)vertrauen oder man hat keines. Auch hier gibt es kein Dazwischen:

Man kann weder zu wenig noch zu viel Vertrauen haben.
Entweder man hat es oder man hat es nicht.

Wenn wir das Vertrauen zu jemandem (zu einem anderen Menschen oder zu uns selbst) oder in etwas (ein Vorhaben, das Leben an sich) verlieren, treten Misstrauen und Zweifel an seine Stelle. Wir werden unruhig und unsicher.

Ein wenig Vertrauen ist gleichbedeutend mit keinem
Vertrauen – ein Zustand von Unsicherheit, Misstrauen,
Zweifel und Angst.

Die meisten Menschen haben die Erfahrung gemacht, wie schnell Vertrauen zerbrechen kann. Ein einziges unüberlegtes Wort oder eine winzige unachtsame Handlung genügt – und Vertrauen kann innerhalb einer Zehntelsekunde verloren gehen. Die Erfahrung zeigt, wie lange es dauert und welcher Anstrengungen es bedarf, bis Vertrauen wiederhergestellt ist – falls es überhaupt gelingt. Nicht anders verhält es sich mit Selbstvertrauen.

Vertrauen ist kein Gefühl

Obwohl wir Vertrauen spüren (oder nicht), ist Vertrauen kein Gefühl wie Freude, Wut, Enttäuschung, Angst usw. Es ist ein komplexer Zustand, in den sämtliche Sinne involviert sind. Wenn Vertrauen da ist, tun sich Körper und Geist zusammen und senden unserem Bewusstsein und Unterbewusstsein das Signal, dass alles so ist, wie es sein soll. Wir empfinden Sicherheit und leben in Einklang mit der Welt – zumindest für einen Augenblick.

Es ist unmöglich, Vertrauen oder Selbstvertrauen zu steigern. Entweder vertrauen wir unseren Fähigkeiten oder nicht, entweder wir besitzen das Vertrauen, eine Aufgabe zu meistern, oder nicht. Es gibt keine Kompromisse. Abstufen lässt sich hingegen das Gefühl von Angst und was damit einhergeht: Unruhe, Unsicherheit und Zweifel. Denn Angst hat viele Gesichter – von milder Unruhe und geringem Zweifel bis hin zu panischer Angst. Da Selbstvertrauen bedeutet, den eigenen Fähigkeiten zu vertrauen, kommt es auch vor, dass man einigen Fähigkeiten vertraut und anderen nicht. Haben wir aber ein allgemeines Vertrauen in unsere Fähigkeiten, d. h. Selbstvertrauen, dann verlassen wir uns darauf, die eigenen Fertigkeiten jederzeit einsetzen zu können, wenn wir sie brauchen, und dass wir sie weiterentwickeln und sogar neue erlernen können.

Die Unterscheidung von geringem oder großem Selbstvertrauen ist also irreführend. Deshalb ist es notwendig, dass wir genau wissen, wovon die Rede ist.

* Geringes Selbstvertrauen drückt aus, dass uns Selbstvertrauen fehlt und wir Vertrauen aufbauen müssen, um Ruhe, Zutrauen und Sicherheit empfinden zu können.
* Großes Selbstvertrauen drückt aus, dass wir Selbstvertrauen haben. Wir haben Vertrauen in unser Tun, in unser Können und in unsere Fähigkeit, eine Aufgabe meistern zu können.

Nele vertraut blind

Wie steht es um Neles Vertrauen und Selbstvertrauen?

Nele ist vier Jahre alt und geht in den Kindergarten. Sie gilt als fröhlich und positiv und kommt mit anderen Kindern und den Erziehern gut zurecht. Sie findet schnell Spielkameraden, Mädchen wie Jungen. Dabei scheint sie niemanden besonders vorzuziehen. Sie spielt auch genauso gerne mit Puppen wie mit Autos. Allerdings hat sie Schwierigkeiten, sich länger am Stück zu konzentrieren, und wendet sich oft einer neuen Sache zu.

Manchmal denkt sie sich selbst ein Spiel aus und animiert andere Kinder mitzumachen. Dann kann es vorkommen, dass ihre Spielkameraden sie abweisen, weil sie Nele zu anhänglich finden. Entweder kehren sie ihr den Rücken oder schubsen sie sogar von sich weg. Allem Anschein nach macht Nele das nichts aus. Wenn so etwas geschieht, wendet sie sich an einen Erwachsenen und nimmt an dessen Beschäftigung teil oder schmiegt sich einfach an. Das tut sie überhaupt sehr gerne. Allerdings bevorzugt sie auch dabei niemanden, sondern wählt immer irgendeine Bezugsperson, die gerade in der Nähe ist.

Mangelnde Distanz

Neles Eltern meinen, dass ihre Tochter »die Herzen der Menschen erobert«, was auch die Erzieher bestätigen. Ihnen ist aufgefallen, dass Nele sich in letzter Zeit allen möglichen Personen nähert, die in den Kindergarten kommen. Egal ob es sich dabei um die Eltern anderer Kinder, deren Großeltern oder Geschwister handelt. Auch bei wildfremden Menschen, zum Beispiel einer Frau vom Jugendamt oder einem Handwerker, tritt Nele in Aktion: Sobald sie eine Gelegenheit sieht, ergreift sie die Hand der Person, umarmt ihre Beine oder klettert ihr auf den Schoß.

Bringt Neles Verhalten großes Vertrauen zum Ausdruck? Auf den ersten Blick leidet sie sicherlich nicht unter mangelndem Vertrauen. Ihre Beziehungen zu anderen weisen an der Oberfläche weder Misstrauen noch Zweifel auf, im Gegenteil: Nele wirkt sehr vertrauensvoll, sogar Menschen gegenüber, die sie nie zuvor gesehen hat.

Ist sie vielleicht zu vertrauensvoll? Scheinbar vertraut sie den Leuten in ihrer Umgebung »blind«. Dabei handelt es sich aber um keine traumhafte Form von absolutem Vertrauen – Neles Verhalten hat etwas Beunruhigendes.

Blindes und echtes Vertrauen

Blindes Vertrauen ist kein richtiges Vertrauen, sondern kopfgesteuert. »Blind« deshalb, weil wir die Augen verschließen, sei es freiwillig oder zwangsläufig, vor etwas, das wir nicht durchdrungen haben und es vielleicht gar nicht wollen. Darum entscheiden wir, »trotzdem« Vertrauen zu haben. So vertraut Nele blind, weil sie kein fundiertes Vertrauen hat.

Aus blindem Vertrauen kann echtes Vertrauen werden, wenn wir uns auf einen Menschen einlassen und erfahren, dass nichts zu befürchten ist. Ob dies gelingt, hängt von unserem psychischen Gerüst ab. Breitet sich in uns eine Grundstimmung von Ruhe, Harmonie, Sicherheit, Freude und Zufriedenheit aus, besteht Vertrauen.

Nele empfindet offensichtlich keine innere Ruhe und Sicherheit. Sie ist unkonzentriert und sprunghaft, daher versucht sie, äußerliche Ruhe und Geborgenheit zu finden. Ihr Verhalten spiegelt nicht Vertrauen, sondern verschiedene Stufen von Unsouveränität wider. Von einer Aktivität springt sie zur nächsten und ist mal mit diesem, mal mit jenem in Kontakt. Sie verschließt die Augen vor der Wirklichkeit und bemüht sich erfolglos um Ruhe und Halt. Im Grunde mangelt es ihr an Vertrauen in sich und ihre Mitmenschen, da ihr Gespür für die eigenen Eigenschaften und Fähigkeiten kaum ausgeprägt ist. Nele ist gewissermaßen »außer sich«, was für ein Kind eine bedrohliche Situation darstellt.

Die Entwicklung des Kindes ist in Gefahr. Nele benötigt Grundvertrauen in ihre Fähigkeiten und Eigenschaften sowie in ihre Mitmenschen, erst dann kann sie sich altersgemäß verhalten und sich mit wahrer Anteilnahme anderen Menschen nähern.

Neles Eltern müssen herausfinden, wann der Vertrauensverlust stattgefunden hat und wie sie ihrer Tochter helfen können. Im therapeutischen Prozess stellt sich heraus, dass Neles Mutter unter einer postnatalen Depression litt, die nicht behandelt wurde. Die ersten Lebensmonate des Kindes waren geprägt von einer großen Unsicherheit, die das Verhältnis zur Mutter erschüttert hat. Die unterbewussten Gefühlsmuster, die so entstanden, haben die Beziehung von Anfang an belastet. Neles auffälliges Verhalten brachte diese Spannungen an die Oberfläche und half der Mutter, sich ihrer destruktiven Verhaltensmuster bewusst zu werden.

Geben statt schenken

Vertrauen ist kein Geschenk, das wir jemandem überreichen können, es ist kein Zustand, der sich automatisch einstellt. Gerade Kinder müssen erst in sich das Gefühl von Vertrauen entdecken und spüren. Wir Erwachsenen sind dafür verantwortlich, die entsprechenden Bedingungen bereitzustellen und ein sicheres und akzeptierendes Umfeld für diesen Prozess zu schaffen, damit in der Kinderseele Grundvertrauen entsteht.

Vertrauen assoziieren wir in der Regel mit dem Vertrauen in andere Menschen. Kinder entwickeln am ehesten Vertrauen zu Mitmenschen, die ihnen offen, wohlwollend, herzlich, ehrlich und bestärkend begegnen. Selbstvertrauen hat viel mit Vertrauen in die eigenen Fähigkeiten zu tun. Als Eltern sollten wir unseren Kindern ermöglichen, ihre Fähigkeiten zu trainieren. Je mehr Fertigkeiten sie entwickeln, je mehr sie dadurch erreichen, desto stärker wächst ihr Selbstvertrauen.

Selbstwert entwickeln

Da Selbstwert damit zusammenhängt, sich als wichtiges Mitglied der Gemeinschaft zu empfinden und zu spüren, allein schon wegen der eigenen Existenz wertvoll zu sein, gilt folgender Grundsatz: Kinder entwickeln Selbstwert, wenn Erwachsene sie annehmen und spüren lassen, dass ihre einzigartige Kombination von Eigenschaften sie liebenswert macht. Also noch einmal die Frage: Kann man ein wenig darauf vertrauen, richtig zu sein, so wie man ist? Nein. Entweder man spürt das oder nicht. Vertraut man nur ein wenig darauf, so zweifelt man. Mit dem Selbstwert verhält es sich in diesem Fall genauso. Kompromisse gibt es nur bei den verschiedenen Abstufungen von Angst, Unsicherheit und Zweifel.

> *Entweder man hat Selbstwert oder nicht.*
> *»Ein bisschen« Selbstwert ist wie kein Selbstwert,*
> *»zu viel« Selbstwert ebenso.*

Das zeigt die Geschichte von Daniel.

Daniels Übermut

Daniel ist neun Jahre alt und geht in die 3. Klasse, er ist eher klein und zart. Trotzdem beschreiben ihn die meisten, die ihn kennen, als raumgreifend: Daniel hat eine hohe, etwas schrille, durchdringende Stimme, die er gerne einsetzt. Das stört viele in seiner Umgebung. Einige sagen, dass er wie ein Wasserfall redet. Bei den Lehrern gilt er als Schüler, der viel Aufmerksamkeit auf sich zieht – was selten positiv gemeint ist. Sein Klassenlehrer braucht einige Zeit, um ihn zum Schweigen zu bringen.

Talentiert und unruhig

Der Lehrer bezeichnet Daniel als begabten Schüler, der aber noch nicht gelernt hat, seine Fähigkeiten voll einzusetzen. In den meisten Fächern sei er durchschnittlich, könne es aber weiter bringen, wenn er sich bei den Hausaufgaben mehr konzentrieren würde. Regelmäßig werden die Eltern aufgefordert, ihm dabei zu helfen. Daniel gehe den Weg des geringsten Widerstands, so die Lehrer, und obwohl er hyperaktiv sei, beschreiben sie ihn eher als faul.

Daniels Eltern betonen immer wieder, wie gerne sie die Lehrer unterstützen wollen. Gleichzeitig betonen sie, dass sein Verhalten zu Hause ganz anders sei. Dort wirke er zwar ab und zu unruhig, erhebe aber selten die Stimme und sei höflich und zuvorkommend.

Wenn Daniels Eltern ihn nach seinen Hausaufgaben fragen, sagt er in der Regel, dass er keine aufhabe oder sie schon erledigt hätte. Überhaupt sei er sehr einsilbig, wenn es um die Schule gehe. Seine Standardantwort laute: »Alles gut.« Dann sei er bei der erstbesten Gelegenheit aus der Tür raus, um mit seinen Freunden zu spielen. Davon hat er viele, sowohl in der Schule als auch in der Nachbarschaft.

Nikola, der große Bruder

Als Daniel kleiner war, war Nikola sein bester Freund. Der Bruder ist 14 Monate älter als er und geht in die 4. Klasse derselben Schule. Bevor Nikola eingeschult wurde, waren die beiden unzertrennlich. Sie hatten dieselbe Tagesmutter und waren in denselben Kindergarten gegangen. Die beiden energiegeladenen Jungen übertrafen sich gegenseitig mit ihren Ideen. Ein Abenteuer löste das nächste ab.

Einsam und unglücklich

Als Nikola in die Schule kam, brach für Daniel eine Welt zusammen. Nicht nur Daniel litt darunter, auch seine Eltern konnten kaum mit ansehen, wie todunglücklich er jeden Morgen war, wenn Nikola zur Schule ging und Daniel nicht mitkommen durfte. Was die Sache noch schlimmer machte, war die Tatsache, dass Nikola sich nach der Schule mit Freunden verabredete und oft erst spät am Nachmittag nach Hause kam. Daniel war antriebslos und traurig. Oft quälten ihn Kopf- und Magenschmerzen, wenn er in den Kindergarten sollte, sodass seine Eltern ihn immer wieder zu Hause betreuten. Auch sein Appetit litt unter dem abwesenden Bruder, als wäre sein ganzes Wesen in eine Schockstarre verfallen.

Draufgänger

Daniels Eltern taten ihr Bestes, um ihn zu trösten, und probierten es mit allerhand guten Worten und Ablenkungsmanövern. Aber nichts half. Daniel blieb untröstlich und zog sich zurück.

Nach einer Weile wurden die Eltern initiativ und organisierten, dass Daniels Freunde aus dem Kindergarten ihn zu Hause besuchen kamen, und vereinbarten mit deren Eltern, dass Daniel jederzeit zu ihnen spielen gehen durfte. Beim Chor und im Leichtathletik-Verein meldeten sie ihn auch an.

Nach einiger Zeit fiel Daniels Eltern auf, dass ihr Jüngster deutlich fröhlicher wirkte. Er hatte neues Selbstvertrauen gefunden und war wieder der aktive Junge von früher. Allerdings bemerkten sie auch, dass er ein wenig zu viel Selbstvertrauen hatte, denn er war oft frech und übermütig. Daniel ging davon aus, jede Herausforderung meistern zu können, auch wenn er vollkommen unrealistische Ziele verfolgte. So wollte der Sechsjährige eine kleine Birke im Garten mit der Motorsäge fällen, obwohl er das Gerät noch nie in Händen gehalten hatte. Oder er sagte: »Ich fahr mit dem Fahrrad zu Opa. Darf ich? Ich finde den Weg.« Die 22 Kilometer zu seinem Großvater war er vorher noch nie gefahren, aber für Daniel war keine Aufgabe groß genug – und »Das schaffe ich« seine Standardantwort. Daniels Eltern störten sich nicht an diesem Verhalten, sondern freuten sich darüber, dass Daniel wieder Lebensmut hatte. Wenn sie ihn als zu impulsiv empfanden, erklärten sie ihm seinem Alter entsprechend, warum seine zahlreichen Pläne nicht zu verwirklichen waren: »Nicht so übermütig, Daniel …«

Der Eindruck der Lehrer

Auch in der Schule strotzte Daniel vor Selbstvertrauen. In den ersten Gesprächen bekamen die Eltern aber zu hören, in welche Situationen ihr Sohn sich dadurch brachte. Halsbrecherische Auftritte am Klettergerüst zählten ebenso dazu wie waghalsige Mutproben bei einem Waldausflug. Daniels Eltern fürchteten, dass er sich eines Tages schwer verletzen könnte.

Auch seine Prahlerei bot Anlass zur Sorge, ebenso seine Überheblichkeit Fremden oder neuen Mitschülern gegenüber. Die Lehrerin erwähnte, dass er sie und seine Klassenkameraden regelmäßig angelogen habe. Scheinbar wolle Daniel sich und andere laufend übertreffen. In solchen Momenten sagte er Sätze wie »Ich bin einfach der Beste« oder »Ich bin cooler als alle«.

In anderen Bereichen kam er gut zurecht, was seine Eltern in ihrem Verständnis bestärkte. Daniel hatte schließlich eine schwere Zeit hinter sich.

Daniels Übermut blieb aber das Thema Nummer eins bei allen Elterngesprächen. So erfuhren die Eltern, dass er seinen Klassenkameraden abstruse Heldentaten erzählte. »Haben Sie ihn tatsächlich auf dem Waldweg Auto fahren lassen?«, fragte die Lehrerin – unter anderem.

Dann geschah Folgendes: Vor den Augen seiner Klassenkameraden sprang Daniel mit einem Plastiksack als Fallschirm von der Garage der Schule. Beim Aufprall brach er sich ein Bein und zog sich eine Gehirnerschütterung zu.

Bei den darauffolgenden Gesprächen mit der Schulleitung stellte sich heraus, welches Ausmaß Daniels Übermut und Prahlerei inzwischen hatte. Seine Eltern waren erschüttert, als sie verstanden, welche Dimension sich dahinter verbarg, wenn Daniel immer wieder sagte:»Das schaffe ich.«

Seine Lehrer beschrieben ihn als»besserwisserisch«,»arrogant«,»angeberisch«,»provozierend«,»leichtsinnig« und»narzisstisch«, betonten aber, dass er im Grunde ein intelligenter und liebevoller Junge sei, der niemandem etwas Böses wolle. Das Problem vermuteten sie in Daniels mangelndem Selbstwertgefühl.

Dass Daniel einen schwachen Selbstwert haben sollte, war für seine Eltern schwer zu akzeptieren. Lange hatten sie geglaubt, er habe den Verlust seines Bruders als bester Freund überwunden und sei gestärkt aus der Krise hervorgegangen. In den Augen der Eltern hatte er sein Selbstvertrauen wiedererlangt und glaubte endlich wieder an sich. Zwar war ihnen bewusst, dass er gerne übertrieb – den Gedanken einer Selbstwertschwäche wollten sie aber nicht zulassen. Er hatte doch eher ein übersteigertes Selbstwertgefühl, oder?

Um das zu klären, müssen wir eine kleine Zeitreise unternehmen.

Minderwertigkeit

1913 prägte der österreichische Psychologe Alfred Adler (1870–1937) den Begriff»Minderwertigkeitsgefühl«, um das Empfinden eigener Unzulänglichkeit gegenüber anderen zu beschreiben. Der Ausdruck gelangte schnell in die Alltagssprache, allerdings dauerte es noch einige Jahre, bis das passende Gegenstück formuliert war:»Selbstwertgefühl«. Diesem Empfinden liegt nichts ferner als Daniels exaltiertes Überlegenheitsgefühl.

Selbstwertgefühl ist das Gegenteil
von Minderwertigkeitsgefühl.

1911 hatte Adler den Grundstein der Sozialpsychologie gelegt, die er »Individualpsychologie« nannte, abgeleitet von dem lateinischen Wort »individuum«, das so viel wie »Unteilbares« bedeutet. Innerhalb der Individualpsychologie nimmt das Minderwertigkeitsgefühl eine zentrale Rolle ein. Für Adler war es eine natürliche Konsequenz der Tatsache, dass jedes Kind in eine Minus-Situation hineingeboren wird: Alle in seinem Umfeld sind ihm entwicklungsmäßig voraus, sind größer, stärker, klüger, erfahrener usw. Um diesem Entwicklungsmangel entgegenzuwirken, hat die Natur das Kind mit einer Reihe von Triebkräften ausgestattet, darunter die Fähigkeit, mit Personen, die es umsorgen (Eltern, Geschwister, Erzieher, Pflegeeltern usw.), in Kontakt zu treten. Lächeln und Tränen sind dabei die effektivsten Mittel.

Eine zweite Triebkraft ist das unermüdliche Streben des Kindes, mit seinen Mitmenschen Schritt halten zu wollen. Dazu gehörte für Adler auch das Streben, sich innerhalb der Gemeinschaft zu behaupten, was enormes Entwicklungspotential birgt. Anders könnte das Kind die unfassbare Menge an Informationen, die es permanent aufnimmt, und deren komplizierte Zusammenhänge gar nicht begreifen.

Von Minus zu Plus

Das Kind arbeitet also mit unermüdlicher Ausdauer daran, die Minus-Situation in einen Plus-Zustand zu verwandeln. Es will seinen Entwicklungsrückstand kompensieren, seine Eigenschaften und Fähigkeiten ausbauen und ein wertvolles Mitglied der Gemeinschaft werden. Ohne diese Verbundenheit geht ein Mensch zwangsläufig zugrunde. Das kindliche Streben, Bedeutung zu gewinnen, folgt also dem Selbsterhaltungstrieb. Unter normalen Umständen wirkt das Minderwertigkeitsgefühl als kindliche Triebkraft, um soziale Kompetenzen zu stärken und auszubauen. Es ist nicht zwangsläufig ein Übel, auch wenn viele Menschen es anders empfinden, sobald ihr Leidensdruck nicht länger produktiv ist.

Erlebt ein Kind, dass seine Bemühungen um Anerkennung und Bedeutung erfolgreich sind, verschwindet das Gefühl von Minderwertigkeit so schnell, wie Wasser in der Sonne verdampft. Ist dies aber nicht der Fall, sorgt der Selbsterhaltungstrieb dafür, dass das Kind seine Anstrengungen steigert.

Wenn das Kind aber wiederholt erlebt, dass es gegen sein Minderwertigkeitsgefühl nicht ankommt, fängt es an, seine Stellung in der Gemeinschaft zu hinterfragen – und damit auch den eigenen Wert. Die psychische Labilität, die so entsteht, führt unter Umständen dazu, dass es Distanz empfindet zu der Gemeinschaft, in die es strebt. Das Kind kann sogar selbst auf Distanz gehen und auf diese Weise in eine innere Abwärtsspirale negativen Denkens geraten.

Unabhängig davon, wie sich Unsicherheit, Zweifel und Angst des Kindes äußern, liegt die Ursache dafür in einem gestörten Verhältnis zur Gemeinschaft. Dieses kann sich in zwei extreme Richtungen entwickeln:

• Entweder im Kind festigt sich ein Minderwertigkeitsgefühl, das dauerhaft Mutlosigkeit, Ohnmacht und Hoffnungslosigkeit auslöst, denn das Kind sieht sich gegenüber seinen Mitmenschen als wertlos an.

• Oder es entsteht ein mehr oder weniger permanentes Gefühl von Überlegenheit. Das Kind ist dann übermütig und überheblich, eventuell auch herrisch, denn es überkompensiert sein Minderwertigkeitsgefühl mit dem Glauben, mehr wert zu sein als seine Mitmenschen.

Am Ende kommt beides auf das Gleiche hinaus, obwohl die beiden Verhaltensweisen äußerlich wie Gegensätze wirken. Aber:

Ein übersteigertes Selbstwertgefühl ist gleichbedeutend mit Minderwertigkeitsgefühl.

Ein ausgeglichener Selbstwert ist ein Zustand von Ruhe, Harmonie, Sicherheit, Freude und Zufriedenheit. Sie können ihn sich wie ein Pendel vorstellen: Wenn er in die eine Richtung schwingt, nähert er sich dem Minderwertigkeitsgefühl, umgekehrt nimmt er Kurs auf ein diffuses Überlegenheitsgefühl. Welcher Zustand besteht aber, wenn das Pendel lotrecht ruht? Alfred Adler probierte mehrere Begriffe aus, bis er 1929 zu »Selbstwertgefühl« und »Selbstwert« fand. Damit meinte er einen Zustand, in dem sich ein Mensch weder als minderwertig empfindet noch über seine Umgebung erhöht.

Selbstwert bedeutet Gleichwürdigkeit.

Dieser Satz offenbart, wie untrennbar Selbstwert mit Gemeinschaft verbunden ist. Er kann sich nicht in einem sozialen Hohlraum entwickeln, sondern verlangt zwischenmenschlichen Austausch, um von einem Gefühl der Verbundenheit getragen zu werden. Wert ergibt sich schließlich aus dem Verhältnis verschiedener Größen. Um unsere Kinder selbstwertstark zu machen, müssen wir ihre Beziehungen stärken und ausbalancieren.

Auch hier zeigt sich der Unterschied zwischen Selbstvertrauen und Selbstwert. Während Ersteres auf der Erfahrung beruht, dass unsere Fähigkeiten genügen, besteht Selbstwert in dem Wohlbefinden, dass wir genügen – als gleichwürdige Partner innerhalb der Gemeinschaft.

Darin liegt auch der Schlüssel, Kinder stark zu machen: indem sie Gleichwürdigkeit erleben und sich selbst gleichwürdig fühlen. Damit einher gehen die Erfahrung von Zugehörigkeit, Zufriedenheit und Lebenslust, die in den Kindern Wurzeln schlagen und wachsen. Dieses Wohlbefinden entspricht eher einem grundlegenden inneren Frieden als einem flüchtigen Glücksgefühl.

Kinder, die sich gleichwürdig fühlen,
entwickeln Selbstwert.

Gesehen werden

Gleichwürdigkeit bedeutet nicht dasselbe wie Gleichheit. Kindern ist nicht dabei geholfen, sich gleichwürdig zu fühlen, wenn wir sie wie kleine Erwachsene oder Geschwister wie Doppelgänger behandeln. Sie sind autonome Geschöpfe. Gleichwürdigkeit meint, ihre Verschiedenheit anzuerkennen.

Jeder Mensch ist anders, hat ganz persönliche Eigenschaften, Erfahrungen und Bedürfnisse. Gerade deshalb wollen Menschen auch in ihrer Verschiedenheit wahrgenommen bzw. »erkannt« werden.

Gleichwürdig behandeln Sie Ihr Kind also dann, wenn Sie auf seine Eigenheit eingehen: mit Verständnis, Respekt und Wertschätzung für die unterschiedlichen Facetten seiner Persönlichkeit. Nicht jedes Kind braucht dieselbe emotionale Zuwendung – ein Kilo Federn in einer Waagschale sieht schließlich auch anders aus als ein Kilo Holz, und doch wiegt beides gleich viel.

Gold, Eisen und andere Metalle werden gerade deswegen geschätzt, weil sie unterschiedlich sind, weil sie genau jene Qualitäten haben, die sie ausmachen. Entsprechend vielseitig gehen wir damit um, und es wäre geradezu absurd, Gold wie

Eisen zu verarbeiten. Täten wir es doch, würden wir mit den verschiedenen Materialqualitäten in Konflikt geraten. Nicht umsonst haben beide ihren angestammten Platz im Periodensystem, in der industriellen Produktion und im Alltagsleben. So gegensätzlich wie sie sind, können sie einander nicht ersetzen, wohl aber ergänzen.

Verschiedene Rollen

Gleichwürdigkeit wird nicht durch analoge Rollenverteilung gefördert, sondern vielmehr dadurch unterstützt, dass Menschen verschiedene Rollen ausfüllen, verinnerlichen oder neu entwickeln. Als Erwachsene nehmen wir ganz andere gesellschaftliche Rollen ein als Kinder. Das ist notwendig. Wir sind sozusagen die Leittiere im Wolfsrudel und sollten diese Rolle mit Gelassenheit, Kompetenz und Autorität ausfüllen – was nicht gleichbedeutend ist mit Macht. Gelingt dies nicht, gibt es Unruhe und das Rudel droht auseinanderzufallen. Wir ziehen keinen Gewinn daraus, wenn wir unsere Kinder uns gleichstellen. Wir können ihnen aber gleichwürdig begegnen, wenn wir ihnen in ihrer Rolle auf Augenhöhe begegnen. Dazu mehr im letzten Kapitel.

Zusammengehörigkeit

Um Gleichwürdigkeit und Selbstwertgefühl zu empfinden, müssen wir nicht gleich sein, sondern uns als wichtiges Mitglied einer Gemeinschaft fühlen. Gleichwürdigkeit hat mit Zusammengehörigkeit zu tun. Denn als Menschen, als Familie, als Gesellschaft stellen wir eine Ganzheit dar und halten trotz aller Unterschiede zusammen. Alfred Adler nannte dieses Erleben »Gemeinschaftsgefühl«.

Die Voraussetzungen dafür haben sich in den letzten Jahrzehnten verschlechtert. Denn der stetig wachsende Individualismus verhindert geradezu das Erleben von Gemeinschaft. Darunter leidet auch das Selbstwertgefühl. Im Zeitalter der Globalisierung scheint die Welt kleiner geworden zu sein. Unser unmittelbares Umfeld erscheint darin paradoxerweise immer größer und weitreichender. Das verändert auch die Bedingungen für die Entwicklung unseres Selbstwerts. Oder anders formuliert: Wächst das Umfeld, muss der Selbstwert entsprechend weit reichen. Wie wird das möglich? Unsere Kinder zu unterstützen ist heute nicht schwieriger als früher, denn ihre Grundbedürfnisse sind dieselben. Sollen unsere Kinder aber ernsthaft auf die globalisierte Welt vorbereitet sein, ist es wichtig, noch bewusster auf einen intakten Selbstwert zu achten, als es bisher geschehen ist.

Cliquen

Wenn sich junge Menschen in Cliquen oder anderen Gruppen zusammentun, geschieht dies, um den Wunsch nach Gleichwürdigkeit, Achtung, Anerkennung und Respekt zu befriedigen und ein Gemeinschaftsgefühl zu empfinden. So werden zwar Bedürfnisse erfüllt, jedoch nur unter den Rahmenbedingungen der jeweiligen Gemeinschaft. Kinder und Jugendliche können sich schnell von einer kleinen, aber mächtigen Clique vereinnahmen lassen. Daraus auszubrechen fällt schwer, wenn das Kind abhängig geworden ist von der Bestätigung der übrigen Gruppenmitglieder. Außerhalb der Gemeinschaft empfindet es sich dann umso unsicherer, unzulänglicher oder sogar minderwertig.

Ein solider Selbstwert entsteht nicht automatisch, wenn man sich innerhalb einer Gruppe gleichwürdig fühlt.

Zwar entwickeln Kinder im Zusammensein mit anderen Selbstwertgefühl, sei es mit den Eltern und Geschwistern, den Klassenkameraden oder Lehrern usw. Hängt der Selbstwert aber von der Akzeptanz einer kleinen Gruppe ab, kann er sich unmöglich zu einer tragfähigen Größe entfalten.

Auf dünnem oder dickem Eis?

In diesem Entwicklungsprozess sind wir einem Widerspruch ausgesetzt: Einerseits ist die Entwicklung des Selbstwertes abhängig von Akzeptanz von außen, d. h. von Seiten der Menschen, mit denen das Kind aufwächst. Andererseits muss es sich emanzipieren und innere Akzeptanz aufbauen, um selbstwertstark zu sein. Die Bewegung geht also von der Abhängigkeit von äußeren Maßstäben (Lob, Bewertungen) hin zu einer wachsenden Unabhängigkeit – zu einem soliden »inneren Maßstab«.

Ein solider Selbstwert ist unabhängig
von äußerer Anerkennung.

Dieser Prozess ist vergleichbar mit den ersten Gehversuchen eines Kindes. Am Anfang ist es auf die Unterstützung und Ermutigung seiner Eltern angewiesen, erst nach Monaten intensiven Trainings kann es die Hand des Erwachsenen loslassen. Ab dann kann das Kind seine Fähigkeiten eigenständig weiterentwickeln und strebt immer mehr nach Autonomie, was die meisten Eltern als sehr nervenaufreibend erleben.

Die Entscheidung liegt bei Ihnen, ob der Selbstwert Ihres Kindes nur einen begrenzten Radius abdeckt – und jenseits davon Minderwertigkeit empfunden wird – oder sich unbegrenzt entfaltet, unabhängig vom sozialen Kontext des Kindes. Bei der ersten Variante bewegt sich das Kind »auf dünnem Eis«, bei der zweiten gleitet es wie ein eleganter Schlittschuhläufer auf dem sicheren Grund seines Selbstwerts.

Selbstwert besteht – oder nicht

Selbstwert lässt sich genauso wenig steigern wie Selbstvertrauen, da beides auf dem Gefühl von Gleichwürdigkeit besteht, das entweder besteht oder nicht. Auf den ersten Blick klingt das vielleicht überraschend, weil wir im Alltag durchaus von großem und geringem Selbstwertgefühl sprechen. Daran sollte sich auch nichts ändern, wir müssen uns nur über die genaue Bedeutung der beiden Begriffe im Klaren sein:

• Wer einen geringen Selbstwert empfindet, leidet unter Minderwertigkeitsgefühl.

• Wer einen großen Selbstwert empfindet, besitzt ein tragfähiges Selbstwertgefühl.

Selbstwert besteht oder fehlt. Selbstwertstark zu sein bedeutet, sich selbst zu akzeptieren – das gesamte Paket seiner »guten« und »schlechten« Eigenschaften. Weder Selbstwert noch Selbstvertrauen können vergrößert oder verkleinert werden, wohl aber ihr Gegenteil: Unsicherheit, Misstrauen, Zweifel und Angst.

Ein selbstwertstarker Mensch hat es nicht nötig, sich über seine Mitmenschen zu erheben oder sich ihnen zu unterwerfen. Er fühlt sich am wohlsten auf Augenhöhe und wird versuchen, den anderen auf Augenhöhe zu heben, wenn sein Gegenüber sich unterlegen fühlt.

Um auf Daniels Geschichte zurückzukommen: Der Junge litt unter einem Minderwertigkeitsgefühl und wollte dieses mit einem übersteigerten Selbstwert kompensieren. Selbstwert hängt mit der Gleichwürdigkeit zusammen, darum gelangte Daniel bald an seine Grenzen.

Ein übersteigerter Selbstwert,
der Schwäche kompensiert,
ist ein falscher Selbstwert.

Es ließ sich beobachten, wie Daniel bei seinem Bemühen, seinen Mitmenschen auf Augenhöhe zu begegnen, weit übers Ziel hinausschoss. Da er sich anfangs unterlegen fühlte, verfiel er ins andere Extrem, als er das Ungleichgewicht überkompensierte. Sein Empfinden für Werte, Normen und Regeln war nach dem Verlust seines Bruders als bestem Freund vollkommen durcheinander. Um wieder Ordnung zu stiften, brauchte er Hilfe von außen.

Als Daniels Eltern den Zusammenhang erkannten, waren sie irritiert. Schließlich hatten sie »alles dafür getan«, dass Daniel sich nicht minderwertig fühlt, und ihn bei jeder Gelegenheit gelobt – wie viele liebende Eltern das tun.

Lob ist Ausdruck eines äußeren Maßstabs.
Selbstwert spiegelt den inneren Maßstab.

Weg mit dem Lob!

Emma zweifelt

Unter den richtigen Voraussetzungen kann Lob das Selbstvertrauen Ihres Kindes stärken. Zum Beispiel wenn es sorgfältig eingesetzt wird, um eine bestimmte Fähigkeit zu messen. Schließlich kann nicht jeder gleich gut sein im Trampolinspringen oder beim Fagottspiel. Hinter Lob verbergen sich aber viele Fallstricke, dass große Vorsicht damit geboten ist. Es ist wie ein Strauß Rosen – schön, doch voller Dornen. Loben will gelernt sein, ansonsten wirkt es sich negativ aus und untergräbt den Selbstwert Ihres Kindes, statt dessen Selbstvertrauen zu stärken. Wie so etwas passiert, zeigt Emmas Geschichte.

Emma ist sieben Jahre alt und geht in die 1. Klasse. Kurz vor den Sommerferien kommt sie von der Schule und zeigt stolz ihr Mathematikheft. Auf den unteren Rand der letzten Seite hat der Lehrer eine Menge kleiner Sterne gezeichnet. »Super, Emma!« steht daneben geschrieben. Emma zeigt auf die Sterne und ruft: »Guck mal, Mama, der Lehrer findet mich super. Und im Sport war ich die schnellste von allen Mädchen …«

Wie würden Sie reagieren, wenn Emma Ihre Tochter wäre?

Ein paar Tage vor dieser Szene war Emma zusammen mit ihrem Vater und ihrem zehnjährigen Bruder Lasse angeln. Sie durfte zum ersten Mal mitkommen. Denn Angeln ist die gemeinsame Leidenschaft von Vater und Sohn, und bisher interessierte sich Emma nicht besonders dafür. Drei Stunden nach ihrem Aufbruch kehren die drei aufgeregt nach Hause zurück. Emma läuft sofort zu ihrer Mutter. Die Stimme überschlägt sich fast:»Mama, Mama! Ich habe einen großen Fisch gefangen. Guck mal!« Sie zeigt auf die Forelle im Eimer.»Schau, wie groß er ist. Papa hat gesagt, dass sie einen so großen Fisch noch nie gefangen haben. Lasse und Papa haben geholfen, aber an meinem Haken hat er angebissen. Toll, oder, Mama?«

Welche Reaktion wäre angemessen?

In beiden Situationen liegt es nahe, Emma zu loben. Sich auf Begeisterung einzulassen ist nicht schwer. Und daran wäre an sich nichts verkehrt. Wären da bloß nicht die Fallstricke des Lobes.

Was geht in Emma vor? Entscheidend ist, wie sie die beiden Szenen erlebt. Es geht weniger darum, welche Intentionen die Mutter mit dem Lob verfolgt, sondern vielmehr darum, wie Emma es auffassen wird. Denn dementsprechend ist die Wirkung auf Emmas Selbstvertrauen und Selbstwertgefühl. Lassen Sie uns Emma und ihre Eltern genauer beobachten, um herauszufinden, worauf man achten sollte, denn die wesentlichen psychologischen Prozesse vollziehen sich hinter den Kulissen der Alltagskommunikation.

Als Emma von dem Angelausflug zurückkommt, antwortet ihre Mutter begeistert:»Das ist ja großartig, Emma. Das hast du toll gemacht, gleich beim ersten Mal!«

Aber wie sieht die Realität aus? Hat Emma wirklich etwas Außerordentliches geleistet? Oder handelte es sich eher um einen Zufall? Emma sollte alt genug sein, um zu wissen, dass sie Anfängerglück hatte. Schließlich war sie selbst überrascht davon, als die Forelle an der Schnur zog. Sofort rief sie Vater und Bruder, die»ihren« Fang an Land holten, was sie allein sicher nicht geschafft hätte.

Hohles Lob

Erhält Emma aber Lob für Dinge, an denen sie kaum Anteil hat, gerät die Glaubwürdigkeit ihrer Mutter ins Wanken, denn so wird ihr Lob nichtssagend. Emma kann sich der Motive ihrer Mutter nicht mehr sicher sein und beginnt zu zweifeln, was von solchen Worten zu halten ist. Ihr Vertrauen in die Mutter ist gefährdet.

Für Emmas Mutter verhält sich die Sache so: »Ich lobe meine Tochter, um ihr Selbstvertrauen zu stärken. In letzter Zeit hat sie so viele Niederlagen erlebt, also braucht sie das Gefühl, etwas richtig gut zu können. Vor kurzem kam sie aus der Schule und erzählte, dass ihr Mathematiklehrer sie gelobt hat. Sie war so stolz. Normalerweise ist es nämlich Lasse, der schulische Anerkennung erhält. Darum habe ich das Lob des Lehrers so gut ich konnte bestätigt. Schließlich kommt so etwas selten vor.«

Emmas Mutter wünscht sich für ihre Tochter das Beste. Sie weiß genau, dass meistens Lasse im Mittelpunkt steht. Darum nutzt sie jede Gelegenheit, um diesem Ungleichgewicht entgegenzuwirken.

Heimlicher Plan

Das Problem liegt darin, dass Emma alt genug ist, den heimlichen Plan ihrer Mutter zu durchschauen. Es mag ihr nicht bewusst sein, aber zumindest wird sie ein Unbehagen empfinden, das ihre Freude und Begeisterung trübt. Das Lob hat einen schalen Beigeschmack – auch wenn Emma nicht weiß warum. Dennoch fragt sie sich wahrscheinlich, ob etwas mit ihr nicht stimmt, weil sie sich komisch fühlt. Trotz Lob und Liebe der Mutter bringt der gesäte Zweifel Emmas Selbstwertgefühl ins Wanken.

Emma merkt, dass ihre Mutter jede Gelegenheit nutzt, um hervorzuheben, wie toll sie ist und was sie alles kann. Sie spürt aber auch eine Art Übersättigung. Dass sich alles auf ihre Leistungen konzentriert, irritiert sie. Sie fühlt sich weder erkannt noch ernst genommen und verzichtet schließlich darauf zu zeigen, was sie kann. Das automatische Lob ist zu einer leeren Geste geworden, die nicht länger motiviert. Gleichzeitig weiß Emma, dass die Mutter es nur gut meint, und will sie nicht enttäuschen. Darum spielt sie mit und verbirgt ihre Gefühle.

Lasse, der große Bruder

In Emmas Wahrnehmung ist Lasse in allem gut. Dabei spielt es für sie keine Rolle, dass er zweieinhalb Jahre älter ist als sie. Sie hat den Eindruck, er würde alles mit Leichtigkeit absolvieren. Und sie erlebt, wie andere ihre Bewunderung für ihn offen und authenisch zeigen. Sich selbst hält Emma dagegen für ziemlich dumm, da sie sich mit allem schwerer tut. Wenn sie hin und wieder – was selten vorkommt – etwas Besonderes geleistet hat, spürt sie die echte Begeisterung ihrer Eltern. Im Stillen denkt sie: »Wenn ich in allem so gut wäre, hätten sie mich genauso lieb wie Lasse und würden mich genauso bewundern wie ihn.«

Solche Überlegungen sind die stillschweigenden Schlussfolgerungen aus ihren verborgenen Gefühlen. Für ihr Selbstwertgefühl und ihre Grundstimmung hat dieses Denken schwerwiegende Folgen. Dabei unterscheidet sich Emmas Blick auf die Verhältnisse grundlegend von der Wahrnehmung der Außenwelt.

Verschiedene Perspektiven

Ihre Lehrer finden sie weder auffallend langsam noch besonders schlecht in der Schule. In ihren Augen ist sie eine durchschnittliche Schülerin, die sich stark konzentrieren muss, um dem Unterricht zu folgen. Hausaufgaben fallen ihr oft schwer, dann äußert sie Mutlosigkeit. Es hilft allerdings, wenn man sie zur Mitarbeit ermuntert. Positiv fällt den Lehrern auf, wie sorgfältig sie mit ihren Büchern und Heften umgeht.

Emmas Eltern betonen, dass sie beide Kinder gleich lieb haben und jedes auf seine Weise wunderbar finden. Emma glaubt das aber nicht, ohne dass sie diesen Zweifel jemals ausgedrückt hätte. Er bleibt latent und macht sich nur in ihren Stimmungen und in ihrem Verhalten bemerkbar. Die Erwachsenen in ihrem Umfeld müssen deshalb erst lernen, Emmas Signale zu lesen und zu verstehen.

Den Eltern und Lehrern fällt zunächst nur auf, dass Emma oft mutlos und mürrisch ist und schnell kapituliert, deuten dies aber so, dass sie zu wenig an sich glaubt. Da ihnen keine Lösung einfällt, machen sie weiter wie bisher und loben Emma im Rahmen ihrer Möglichkeiten.

Wie ein verschlossenes Buch

Unbewusst fragt sich Emma die ganze Zeit, wie ihre Mutter zu ihr steht. Denn darüber herrscht in ihrem Inneren große Verwirrung. Emma hofft, eines Tages herauszufinden, ob ihre Mutter sie wirklich liebt. Ob sie es wert ist, den gleichen Respekt zu erfahren wie ihr Bruder Lasse.

Bisher weiß sie nur, dass sie die Wärme ihrer Mutter spürt, wenn sie wirklich etwas geleistet hat. Um dieses Gefühl häufiger zu erleben, würde sie fast alles tun.

Emmas Mutter lässt kaum erkennen, wie es in ihrem Inneren aussieht. Schon in jungen Jahren wurde in ihrer Familie nicht viel gesprochen, schon gar nicht über Gefühle und Stimmungen. Emma weiß so gut wie nie, was in ihr vorgeht. Dafür erlebt sie oft, wie die Mutter etwas bewertet oder bestimmt, wer im Haushalt welche Aufgaben zu erledigen hat. Was der Tochter fehlt, ist, dass sich die Mutter einmal zu ihr setzt und sagt: »Es ist schön, mit dir zusammen zu sein. Einfach so. Mir wird ganz warm ums Herz, wenn ich an dich denke. Ich liebe dich genauso wie Lasse. Allein dafür, dass es dich gibt.«

Emmas Mutter meint, ihrer Tochter Selbstvertrauen zu schenken, aber wie wir gesehen haben, ist ein solches Geschenk unmöglich. Selbstvertrauen und Selbstwertgefühl sind komplexe mentale Zustände, die sich spontan einstellen, wenn die entsprechenden Voraussetzungen gegeben sind (oder auch nicht). Sie resultieren aus Emmas ganz persönlicher Sicht der Dinge, sind also ganz unabhängig von den Wünschen und Intentionen ihrer Eltern, die sich in Worten und Taten ausdrücken – unabhängig von ihrem Vertrauen in Emmas Fähigkeiten und ihren direkten und indirekten Bewertungen. Wie könnten Emmas Eltern ihr Liebe, Anerkennung und Vertrauen vermitteln?

Zutrauen

Selbstvertrauen und Selbstwertgefühl werden von innen heraus entfaltet oder zerstört, obwohl auch äußere Faktoren eine Rolle spielen. Sobald Emma an ihre Fähigkeiten glaubt, wird ihr Selbstvertrauen gestärkt. Wenn sie darauf vertraut, dass sie richtig ist, und sich als wertvolles Mitglied der Gemeinschaft fühlt, wächst ihr Selbstwertgefühl. Das schönste Lob der Welt und die aufrichtigste Anerkennung bleiben ohne positiven Effekt, wenn der Empfänger daran zweifelt, ob der Zuspruch authentisch ist. Ist das der Fall, wird er sich Lob und Anerkennung zu eigen machen. Genau darin liegt die Herausforderung von Emmas Eltern, die oft erlebt haben, wie ihr Lob verpuffte. Um selbstwertstark zu werden, braucht Emma ihre Umgebung als Spiegel. Als soziales Wesen sucht sie wie jeder Mensch Rückmeldungen aus ihrem unmittelbaren Umfeld. Spiegeln die Menschen ihre Gefühle, Bedürfnisse und Handlungen offen, interessiert und anerkennend, wird das Fundament ihren Selbstwert positiv beeinflussen.

Führt das Feedback aber zu Kritik, fehlender Anerkennung, Zurückweisung oder sogar Ausschluss, wird sie deprimiert sein und sich auf die Suche nach einer neuen Gemeinschaft machen, in der Hoffnung, dort aufgenommen zu werden. Oder resignieren.

Menschen entwickeln sich, indem sie zu anderen Menschen in Kontakt treten und mit ihnen Beziehungen eingehen. Darin liegt eine immense Kraft, die aber auch zerstörerisch sein kann, denn nicht alle Beziehungen tun uns gut. Sie können uns wachsen lassen oder klein halten und uns manchmal auch zugrunde richten.

Selbstwert entwickelt sich nicht von alleine.
Erst durch Beziehungen zu anderen Menschen
kann er entstehen, sich entwickeln und erhalten bleiben.

Wenn ich von »Wert« spreche, meine ich die eigene Wertschätzung sowie Anerkennung von außen. Bei Letzterem ist entscheidend, wie das Umfeld diese Haltung ausdrückt.

Emma macht mit

Emma hat den Eindruck, dass ihre Mutter sie manipulieren will, dass sie sich ihre Tochter anders wünscht, zum Beispiel schlauer und selbstbewusster.

Wenn ihre Mutter sie lobt, um ihr Selbstvertrauen zu stärken, registriert Emma gerade, dass ihr Selbstvertrauen fehlt. Im Laufe der Zeit ist aus dem Lob ein Signal für Unzulänglichkeiten geworden. Da Emma alles tut, um den Erwartungen ihrer Mutter zu entsprechen, setzt sie jedes Mal ein fröhliches Gesicht auf und gibt sich unbesorgt, wenn sie gelobt wird. Manchmal spürt sie Wut in sich aufsteigen, die sofort von einem schlechten Gewissen bekämpft wird, denn sie schämt sich, ihrer Mutter böse zu sein, wenn diese sie mit Lob überschüttet.

Emmas Mutter begründet ihr Verhalten mit den Worten: »Ich habe nie an mich geglaubt oder das Gefühl gehabt zu genügen. Meine Kindheit bestand nur aus Vorwürfen und Anschuldigungen, gelobt wurde ich nie. Meiner Tochter soll es besser gehen.« Später erkennt sie, dass sie Emma nicht zu Selbstwert verhelfen kann, solange ihr eigener am Boden liegt. Endlich stellt sie die »Kraft des Lobes« infrage und erkennt dessen negative Wirkung. So lernt sie allmählich, Emma genau zuzuhören und zu beobachten, um deren Erlebniswelt zu begreifen. Sie beginnt auch, an ihrem eigenen Selbstwertgefühl zu arbeiten.

Verstecken geht nicht

Emma ist der Spiegel ihrer Mutter und reflektiert deren Selbstwert bzw. Selbstwertschwäche. Um ihrer Tochter als Vorbild zu dienen, muss sie zunächst ihren eigenen Selbstwert fundieren. Denn vor ihrem Kind kann sie sich nicht verstecken. Solange sie dieser Illusion anhing, fügte sie ihrer Beziehung zu Emma und deren Selbstwert großen Schaden zu.

Nach und nach lernt Emmas Mutter, Lob und Kritik durch aufrichtiges Interesse und wahre Anerkennung zu ersetzen. Verschiedene Anregungen, wie dies gelingen kann, finden Sie im letzten Kapitel. In Zukunft wird Emmas Mutter aufpassen, wenn sie den Impuls verspürt, ihre Tochter zu loben.

- Sie konzentriert sich auf Emmas Handlungen und Fähigkeiten. In den Hintergrund treten Emmas Aussehen, ihre Eigenschaften, ihr Wesen und ihre eventuellen Beweggründe für eine Handlung.

Sie kann zum Beispiel sagen:»Wie schön, dass es dir inzwischen so leichtfällt, Mathematikaufgaben zu lösen. Vor allem, weil du früher oft geklagt hast.«

- Wenn sie ihre Tochter lobt, tut sie es nicht, damit es Emma besser geht, sondern weil sie von einer Leistung aufrichtig beeindruckt ist. Dabei versucht sie, eine klare und persönliche Sprache zu verwenden und sich auf die eigenen Gefühle zu beschränken, wenn sie Emmas Fortschritte kommentiert.

Sie kann zum Beispiel sagen:»Es macht mich froh und stolz, wenn ich sehe, dass dir Mathematik leichterfällt.« Oder:»Als ich in die Schule kam, fiel mir Algebra zuerst auch nicht leicht. Ich habe viel Zeit und Hilfe gebraucht, bis ich gut rechnen konnte.«

- Wenn sie lobt, bewertet oder kritisiert, ist sie sich bewusst, warum sie das tut.

So überlegt sie vorher, aus welchen Motiven sie agiert. Vielleicht will sie, wenn sie Emma lobt, ihr eigenes Trauma überwinden. Vielleicht will sie damit ihr schlechtes Gewissen lindern, weil sie sich als schlechte Mutter fühlt. Oder sie versucht wieder einmal, dem Ungleichgewicht zwischen Emma und ihrem Bruder entgegenzuwirken.

- Steht hinter einem Lob eigentlich der Wunsch, dass Emma bestimmte Fähigkeiten ausbauen oder etwas an sich verändern soll, muss sie dies in einer direkten Sprache zum Ausdruck bringen.

Emma weiß zum Beispiel, dass sie nicht besonders gut in Mathematik ist. Lobt ihre Mutter sie nur, um sie anzuspornen, handelt es sich um eine Form der Manipulation, die Emmas Selbstwert beeinträchtigt. Kinder haben sehr konkrete Denkmuster und verlangen deshalb konkrete Äußerungen. Die Mutter sollte ihre Sorgen daher direkt ausdrücken und ihre Wünsche klar formulieren. Zum Beispiel kann sie sagen: »Ich freue mich, dass dir diese Aufgabe leichtgefallen ist. Früher war das anders, oder? Da hast du öfters geklagt, dass du die Schlechteste in der Klasse bist. Ich würde dir gerne helfen. Darf ich?«

Zusammenfassend kann man sagen:

• Kinder profitieren selten von Lob.

• Kinder wollen gesehen, gehört, anerkannt, akzeptiert und ernst genommen werden.

• Kinder wollen sich wertvoll und gleichwürdig fühlen.

• Kinder brauchen selbstbewusste und authentische Eltern und andere Erwachsene als Vorbilder.

Darum die Aufforderung:

Weg mit dem Lob. Es lohnt sich nicht.

Im letzten Kapitel finden Sie konkrete Anregungen, wie Sie Ihre gut gemeinten Absichten in liebevolle und nachhaltige Handlungen umsetzen können, um den Selbstwert Ihres Kindes zu stärken. Vorab soll anhand von Emmas Mutter gezeigt werden, wie Eltern sich dem eigenen Selbstwert stellen und daran arbeiten können.

Dieses Beispiel inspiriert Sie vielleicht, sich mit Ihrem eigenen Selbstwert auseinanderzusetzen. Natürlich handelt es sich bei Emmas Mutter um einen ganz persönlichen und einzigartigen Prozess. Jeder von uns hat seine eigene Geschichte, die sie oder ihn von anderen unterscheidet.

Wir kommen nicht umhin, unseren Blick nach innen zu richten, wenn wir den Selbstwert unserer Kinder stärken wollen. Es genügt nicht, neue Handlungsmuster zu erlernen. Ziel ist es, unseren Handlungen Glaubwürdigkeit zu verleihen. Dafür müssen wir in Berührung kommen mit unseren wertvollsten angeborenen Eigenschaften, sie spüren, zeigen und zur Entfaltung bringen.

Reise in die Vergangenheit

Emmas Mutter

Motiviert macht sich Emmas Mutter daran, Emmas Selbstvertrauen zu stärken. Aber schon bald wird ihr klar, dass sie sich zunächst mit ihrem eigenen Selbstwert auseinandersetzen muss. Wie steht es um ihr eigenes mentales Fundament? Am Anfang erscheint ihr die Klärung dieser Frage nahezu unmöglich, da sie sich so vielen Dingen zu stellen hat: Erfahrungen aus der eigenen Kindheit ebenso wie ihre bisherige Kindererziehung. Doch sie ist bereit, sich schwierige Fragen zu stellen und den Antworten auf den Grund zu gehen.

Wiederkehrende Muster

Seit sie denken kann, war Emmas Mutter immer sehr selbstkritisch. Alles, was sie tat, hat sie bewertet und sich selbst mit Vorwürfen überhäuft, da ihr nichts gut genug schien. Allmählich wird ihr klar, wie unerbittlich sie gewesen ist – wie ihr Vater, der sich selbst und ihr stets mit äußerster Strenge begegnet ist. Unabsichtlich hat sie diese Muster an ihre Tochter weitergegeben.

Zum ersten Mal in ihrem Leben spürt Emmas Mutter den eigenen Gefühlen nach und sucht Worte dafür. Anfangs fällt es ihr schwer, die oft unzusammenhängenden und widersprüchlichen Emotionen zu beschreiben, aber mit der Zeit gewinnt sie mehr und mehr an Kraft. Sie entdeckt, welch immense Wut sich in ihr angestaut hat, die sie lange verdrängte. Wut, im Stich gelassen zu werden, und Enttäuschung darüber, nicht gesehen zu werden. Hinter diesen Gefühlen offenbart sich eine große Einsamkeit, ein Gefühl von Verlorenheit, in dessen Fahrwasser sich Mutlosigkeit und ein konstantes Misstrauen einstellten. Um diesen negativen Gefühlen zu entkommen, versuchte sie, alles zu kontrollieren – auch ihre Gefühle. Jetzt erkennt sie, dass sie vor sich selbst auf der Flucht war. Die gestörte Verbindung zu ihren Emotionen hemmte auch den Kontakt zu anderen Menschen, insbesondere zu Emma. Bei der Mutter löste dies eine Negativspirale aus, die ihr Gefühl von Einsamkeit, Unsicherheit und Angst immer weiter vergrößerte.

Angst vor Nähe

Eine wichtige Erkenntnis war ihre Angst vor Nähe, die Emmas Mutter seit Kindheitstagen in sich trug. Sie war ein Reflex ihrer Angst, verletzt, enttäuscht und abgewiesen zu werden. Unbewusst zog sie sich kurz nach Emmas Geburt gefühlsmäßig von ihrer Tochter zurück. Dass es mit Lasse anders war, liegt vielleicht daran, dass er ein Junge ist. Emma hat sie mit ihrer Offenheit, Verletzlichkeit und Abhängigkeit viel stärker an ihr eigenes kindliches Ich erinnert. Das mag unbewusste Prozesse in Gang gesetzt haben, die Emmas Mutter vor die Wahl stellten, ihre traumatischen Gefühle zuzulassen oder zu unterdrücken. Im Nachhinein erkennt sie, dass sie sich stets für Letzteres entschieden hat.

Wunsch nach Nähe

Jetzt akzeptiert sie, dass gerade ihre Verletzlichkeit, Empfindsamkeit und Sensibilität zu ihren stärksten Eigenschaften zählen. Gleichzeitig spürt sie den Wunsch nach Emmas Nähe. Am meisten beeindruckt sie die Tatsache, wie leicht es ihr fällt, ihren Eltern zu verzeihen. Praktisch von alleine waren Wut und Enttäuschung auf einmal wie weggeblasen. Zurückgeblieben sind Respekt, Mitgefühl und Liebe, denn Emmas Mutter wurde bewusst, dass auch ihre Eltern Opfer sind – Opfer der Generation davor und von deren Denk-, Gefühls- und Verhaltensmustern, die immer weitergegeben wurden – bis hin zu Emma. Die Mutter ist entschlossen, diese fatale Entwicklung zu unterbrechen und die schädlichen Muster bei ihrer Tochter auszugleichen.

Lange konnte sie Emmas Symptome nicht begreifen, weil sie gegenüber ihren eigenen blind war. Kein Auge kann sich selbst sehen – dazu braucht es einen Spiegel. Erst als sie sich nicht in Emma erkannte, wusste die Mutter, worauf sie achten musste. Ein gutes Stück Arbeit liegt noch vor ihr, doch der wichtigste Schritt bestand darin, den Prozess überhaupt zu wagen. Die ersten Erfolge lassen nicht lange auf sich warten.

Erste Erfolge

Emmas Mutter bemerkt bald, dass Emma viel fröhlicher und ausgeglichener wirkt. Mutter und Tochter unterhalten sich viel und Emma kommt häufiger als früher auf ihre Mutter zu. Auch der Inhalt ihrer Gespräche hat sich geändert. Emma erzählt jetzt regelmäßig von Ereignissen, die sie in der Schule erlebt hat. Und sie vertraut sich ihrer Mutter an, wenn sie sich gestritten hat oder wenn sie wütend ist, weil sie sich ungerecht behandelt fühlt.

Emmas Wortschatz und Gewandtheit verbessern sich. Sie wird immer mutiger und klagt seltener über ihre Hausaufgaben. Insgesamt wirkt sie selbstständiger und selbstsicherer. Emmas Mutter freut es besonders, dass ihre Tochter zu anderen Mädchen in der Klasse Kontakt aufgenommen hat. Inzwischen geht sie gerne zur Schule, während sie früher oft unwillig aus dem Haus ging. Mit den Problemen, sie morgens aus dem Bett zu bekommen, ist es auch vorbei. Emmas ewige Selbstvorwürfe und Selbstkritik sind verstummt. Fällt sie zurück in alte Muster, bemerkt sie es meistens selbst, noch bevor jemand sie darauf aufmerksam macht. Wenn Emmas Mutter ihrer Tochter in die Augen schaut, kommt es vor, dass beide in ein befreiendes Lachen ausbrechen oder sich verschworene Blicke zuwerfen. Denn die Mutter hat Emma offen erzählt, wie es ihr als Kind ergangen ist, dass diese Zeit aber nun vorbei ist.

Emmas Vater macht mit

Emmas Vater reagierte neugierig, als er die Veränderungen bei seiner Frau und Emma beobachtete. Seiner Ansicht nach waren diese nicht nur positiv, denn die wachsende Selbstsicherheit seiner Frau führte häufig zu Konflikten. Früher hatte es praktisch nie Streit gegeben, inzwischen kriegte er sich mit seiner Frau wegen allem Möglichen in die Haare, das zuvor nie Gegenstand von Auseinandersetzungen war.

Hätte er die Wahl, wollte er die Zeit dennoch nicht zurückdrehen. Denn so viele Dinge haben sich zum Besseren gewendet, allen voran das neue Selbstvertrauen und die Grundzufriedenheit seiner Frau. Auf einmal wagt sie sich Dinge, die sie sich früher niemals getraut hätte. Sie wird auch viel extrovertierter und ändert ihren Kleidungsstil, sodass ihr Mann zum ersten Mal seit langem wieder Eifersucht empfindet. Gleichzeitig fühlt er sich viel sicherer im Umgang mit ihr, weil sie genau ausdrückt, was sie will und was nicht, was sie braucht, was sie sich wünscht. So versteht er endlich, »woran« er bei ihr ist.

Als seine Frau ihm eine Liste mit Symptomen zeigt, die auf mangelndes Selbstwertgefühl bei Kindern, Jugendlichen und Erwachsenen hindeuten, erkennt er in vielen Punkten Emma und seine Frau wieder. Er ist erleichtert, dass bei ihnen das Schlimmste abgewendet ist, gleichzeitig entdeckt er einen blinden Fleck in seiner Selbstwahrnehmung. Er hatte nie einen Gedanken daran verschwendet, dass er selbst ein Selbstwert-Problem haben könnte. Bei einigen Punkten wird er allerdings stutzig: »übersteigertes Selbstwertgefühl«, »Selbstüberschätzung«, »Konkurrenzdenken«, »Machtstreben«, »Angst vor Nähe«, »Workaholic«. Die Begriffe stimmen ihn nachdenklich, und er beschließt, seinen eigenen Selbstwert unter die Lupe zu nehmen. Ihm selbst und seiner Ehe könnte das ganz neue Perspektiven eröffnen.

Hier ist die Liste mit möglichen Symptomen, wie sie bei Kindern, Jugendlichen und Erwachsenen mit schwachem Selbstwert auftreten können:

- Schüchternheit
- Selbstunterschätzung, Selbstvorwürfe, Selbstverachtung, Selbsthass
- Unterwürfigkeit
- selbstverleugnendes Verhalten, selbstzerstörerisches Verhalten, Essstörungen
- nervöse Tics, Zwangsneurosen, Angstzustände und Phobien
- Selbstüberschätzung, Prahlerei und Selbstüberhöhung, Größenwahn, Arroganz
- übertriebene Risikobereitschaft, Übermut
- Machtstreben, Omnipotenz (Allmachtsfantasien), Machtmissbrauch

- kritische Haltung gegenüber allem und jedem
- Hang zu Ironie und Zynismus
- übermäßiges Bedürfnis nach Zustimmung
- Tendenz zu kurzfristigen Beziehungen (lernt leicht
  Menschen kennen, hat aber große Schwierigkeiten
  bei der Pflege länger dauernder und tieferer Beziehungen)
- Angst vor Nähe (Schwierigkeiten, andere nah an sich
  heranzulassen)
- Leistungsangst (Angst davor, Projekte zu beenden,
  weil diese dann bewertet werden)
- übermäßiges Kontrollbedürfnis, Perfektionismus
- Eifersucht
- übermäßiges Konkurrenzdenken, »schlechter Verlierer«
- Vermeiden von Augenkontakt
- Abhängigkeiten verschiedener Art, z. B. Süchte
- Hang zum Lügen
- Tierquälerei
- »Kauf« von Freundschaften
- Reizbarkeit, Gewalttätigkeit, Provokation
- Mutlosigkeit und Resignation, Trägheit
- Gleichgültigkeit, chronisch anhaltendes Gefühl von
  Einsamkeit und Leere
- Mobbingtäter, Mobbingopfer
- Gefühl von Ersetzbarkeit, Selbstmordgedanken,
  Selbstmordversuche

Diese Liste ist ziemlich lang, und doch ist sie weder komplett
noch endgültig, sondern bietet lediglich Anhaltspunkte dafür,
wie vielfältig und gravierend die Symptome eines geschädigten
Selbstwerts sein können. Es gibt viele, teilweise sehr komplexe
Erklärungen, wie diese Symptome zustande kommen. Unendlich viele Faktoren können daran beteiligt sein, aber die meisten Symptome lassen sich in ihrem Ursprung auf ein geschädig-
tes Selbstwertgefühl zurückführen.

Minderwertigkeitsgefühle aus der Innenansicht

Wenn Menschen ihr Minderwertigkeitsgefühl beschreiben, durchziehen die Worte »nicht« und »kein« ihre Sätze.

Selbstvertrauen – aus der Sicht eines Kindes / eines Erwachsenen	Selbstwert – aus der Sicht eines Kindes / eines Erwachsenen
»Auf das, was ich kann, ist kein Verlass.«	»Ich bin kein wertvoller Mensch.«
»Ich habe keine besondere Begabung und kann die Aufgaben, die ich gestellt bekomme, nicht bewältigen.«	»Ich mag mich nicht.«
»Andere haben keinen besonderen Nutzen an mir. Ich kann nichts Besonderes. An mir ist nichts Besonderes.«	»Nur weil es mich gibt, bin ich für mich und andere nicht automatisch wertvoll. Keiner mag mich.«
»Ich kann mich nicht mit anderen messen. Ich erfülle die Erwartungen nicht, die ich selbst oder andere an mich stellen.«	»Ich bin nicht richtig, so wie ich bin. Ich bin verkehrt.«
»Ich bewältige die Sachen nicht, die ich tun soll.«	»Nichts an mir ist so, wie es sein soll.«
»Obwohl ich mir Mühe gebe, schaffe ich es nie. Also verdiene ich keinen Respekt, weder von mir noch von anderen.«	»Ich bin nicht liebenswert.«
»Meine Leistungen sind schwach und wertlos.«	»Es macht gar keinen Unterschied, ob ich auf der Welt bin oder nicht.«
»Alles, was ich kann, können andere viel besser.«	»Ich bin nicht einzigartig, sondern ersetzbar.«
»Meine Leistungen können sich nicht mit denen anderer messen, obwohl ich mich mindestens genauso ins Zeug lege wie sie. Oft sogar noch mehr!«	»Ich bin weniger wert als meine Mitmenschen.«
»Was ich tue, verdient keine Anerkennung.«	»Alle anderen haben eine Berechtigung zu existieren – ich nicht.«
»Was ich erreicht habe, ist nicht bemerkenswert. Niemand wird sich an mich erinnern.«	»Mich würde niemand vermissen, wenn ich nicht mehr auf der Welt wäre.«

Verändertes Selbstwertgefühl

Emmas Mutter ist ganz verblüfft, dass die einschneidende Veränderung bei Emma quasi von alleine eingetreten sind. Sie hat nicht das Gefühl, etwas Besonderes dafür getan zu haben – außer die Dinge anders zu formulieren als früher. Eigentlich hat sie »nur« angefangen, sich authentisch zu verhalten, indem sie sich auf sich selbst konzentrierte. Statt Emma zu kommentieren und zu beurteilen, spürte die Mutter ihren eigenen Gefühlen nach. Auf diese Weise wurde sie Emma gegenüber viel präsenter. Entsprechend hat sich auch ihre Sprache verändert:

Früher: Fokus auf Emma – stärkt eventuell das Selbstvertrauen, kann den Selbstwert aber auch bedrohen	**Heute:** Fokus auf sich – zur Stärkung von Emmas Selbstwert
»Du bist so hübsch.«	»Ich bin gerne mit dir zusammen.«
»Du machst das ganz großartig.«	»Ich bin beeindruckt, dass du das kannst.«
»Du bist eine richtig gute Handballerin. Toll, wie oft du den Ball hattest.«	»Es macht mich froh, dir beim Spielen zuzusehen. Ich habe den Eindruck, dass du Riesenspaß hast. Bist du froh, wenn du oft den Ball kriegst?«
»Du bist schon wieder zu spät. So geht das nicht. Ich finde es nicht in Ordnung, dass du nicht pünktlich sein kannst. Eine Viertelstunde habe ich mit dem Abendessen auf dich gewartet, jetzt ist es kalt.«	»Ich bin enttäuscht, dass du nicht pünktlich bist. Es ist wichtig für mich, dass ich mich auf dich verlassen kann und du unsere Absprachen einhältst. Mein Vertrauen in dich leidet sonst darunter. Es stört mich, das Essen so lange warm halten zu müssen. Wenn du das nächste Mal zu spät kommst, will ich, dass du mich anrufst, damit ich mich darauf einstellen kann.«
»Es macht mich traurig, wenn du …«	»Ich werde traurig, wenn ich merke, dass …«

Indem Emmas Mutter lernt, ihre Gefühle, Gedanken, Bedürfnisse und Werte klar zu artikulieren, zeigt sie sich mehr und mehr als Mensch, im Guten wie im Schlechten. Endlich verhält sie sich erwachsen. Das wirkt sich auch auf Tochter und Ehemann aus, denen es viel leichterfällt, sich ihr gegenüber authentisch zu verhalten.

Eine Begegnung von ganzem Herzen

Emma fühlt sich bedeutsam und wertvoll, seit sie erlebt, dass sie in ihrer Mutter verschiedene Gefühle und Zustände auslösen kann. Ihre Mutter ist präsent und zeigt Interesse an ihr, Emma spürt ihre Begeisterung, Freude, Enttäuschung, Wut, Neugier, Traurigkeit, Enthusiasmus und andere Gefühle.

Früher war sie viel stärker mit den Urteilen und Sorgen der Mutter konfrontiert, deren Verbindung zur Tochter sehr kopfgesteuert war. Heute begegnet die Mutter Emma von ganzem Herzen, und ihre geäußerten Gefühle stimmen mit Gestik, Mimik und Tonfall überein. So fühlt sich Emma sicherer im Umgang mit der Mutter und spürt eine wachsende Nähe zu ihr.

Für Emma stellt es einen großen Unterschied dar, ob sie ihr Tun ändern soll oder ihr Sein. Die eigenen Fähigkeiten zu schulen ist ein lebenslanger Prozess, nicht nur für Emma. Anders verhält es sich allerdings, wenn sie das Gefühl hat, sie müsse etwas an ihrer Wesensart ändern. Was genau sollte das sein? Ihre Einstellung? Ihre Gefühle? Ihr Temperament? Ihre Bedürfnisse? Ihre Werte? Ihre Persönlichkeit?

Wenn sie früher von ihrer Mutter kritisiert wurde, dachte Emma, an ihr stimme etwas Grundlegendes nicht. Aber wie sie das anstellen sollte, wusste sie nicht. Wie hätte sie auch verändern können, was sich tief in ihrem Inneren befindet? Ihr Unbehagen ließ Emma die eigene Persönlichkeit diffus erscheinen.

Trotzdem bemühte sie sich, den richtigen Gesichtsausdruck aufzusetzen – mit wechselndem Erfolg. Sie versuchte, ihre Gefühle zu unterdrücken und zu kontrollieren – auch das glückte nur zum Teil. Dennoch versprach ihr diese Strategie den größten Erfolg. Die Gefühlsenergie, die sich so in ihrem Inneren anstaute, entlud sich regelmäßig in Wutanfällen und Weinkrämpfen.

Emmas Verhalten ist nur allzu verständlich. Denn weder sie noch ihre Eltern hatten ein Gespür für die eigene Wesensart.

Unsere Wesensart ist das Ergebnis zahlreicher persönlicher Faktoren. Sie ergibt sich unter anderem aus unseren Eigenschaften, unserem Temperament, unseren Bedürfnissen, unseren Werten, unseren Angewohnheiten, unseren Denkmustern, unserem Gefühlsrepertoire, unserer Weltanschauung und unserem Menschenbild. Als Emma anfing, die grundlegenden Eigenschaften ihrer Persönlichkeit in Zweifel zu ziehen, zerbröckelte nach und nach ihr Selbstwertgefühl.

Aufgehalten wurde dieser Prozess, seit ihre Eltern gelernt hatten, zwischen Tun und Sein zu unterscheiden. Jetzt vermitteln sie ihrer Tochter, dass sie einzelne Aspekte ihres Verhaltens hinterfragen sollte, nicht aber ihr Wesen. So emanzipiert sich Emma von den überlieferten Mustern der Familiengeschichte.

Gewandelte Sprache

Fokus auf Emmas Person / Eigenschaften – Gefahr für ihr Selbstwertgefühl	Fokus auf Emmas Handlung – keine Gefahr für ihr Selbstwertgefühl
»Menschenskind, sei nicht so doof und hör endlich auf, deinen großen Bruder zu ärgern. Du bist so nervig. Wie oft muss ich dir noch sagen, dass du damit aufhören sollst? Du bist wohl schwer von Begriff.«	»Das ist richtig doof, wenn du immer deinen großen Bruder ärgerst. Ich verstehe einfach nicht, was du damit erreichen willst. Mich nervt das tierisch, dass ich mir das ständig anhören muss. Ich will, dass du damit aufhörst, und helfe dir gerne dabei herauszufinden, wo das Problem liegt. Bist du vielleicht neidisch oder eifersüchtig auf ihn?«

Die linke Seite hinterlässt in Emma das Gefühl, unerträglich zu sein, auch wenn ihre Eltern meinen, lediglich alltägliche Streitereien auf den Punkt zu bringen. Die Sätze beinhalten aber Aussagen, die sich unmittelbar auf Emmas Wesensart und eine Reihe vermuteter Eigenschaften beziehen. Emma bekommt den Eindruck vermittelt, dass sie sich ändern soll.

Auf der rechten Seite konzentrieren sich die Eltern auf Emmas Verhalten. Dabei gehen sie von den eigenen Gefühlen aus und formulieren explizit, was sie sich anders wünschen. Da sie auch erkennen, dass der Streit durch Konkurrenzdenken ausgelöst wurde, reichen sie Emma die Hand und bringen ihr Verständnis entgegen.

Die beiden folgenden positiven Aussagen fallen nach einem Handballturnier in der Schule:

Bewertung von Emmas Person / Eigenschaften – stärkt das Selbstvertrauen, kann den Selbstwert aber gefährden	Bewertung von Emmas Fähigkeiten – stärkt das Selbstvertrauen, ohne den Selbstwert zu gefährden
»Du bist echt spitze. In der ersten Halbzeit hast du die meisten Tore geschossen. Du bist eindeutig die Beste in eurer Mannschaft.«	»Du hast richtig viele Tore in der ersten Halbzeit geschossen. Gut für die Mannschaft. Ich habe gesehen, dass du eine richtig gute Wurftechnik entwickelt hast.«

Obwohl es positive Äußerungen sind, weiß Emma, dass sie genauso gut anders hätten ausfallen können. Diesmal war sie erfolgreich, ein anderes Mal könnte sie versagen. Bewusst oder unbewusst wird sie sich anstrengen, den guten Eindruck aufrechtzuerhalten, um immer wieder neue Anerkennung von außen zu erfahren – ein nervenaufreibendes, anstrengendes und letzten Endes vergebliches Unterfangen. Selbstakzeptanz wird dadurch verhindert und der Selbstwert an äußere Bestätigung gekettet.

Früher hat Emmas Mutter ihre Tochter ohne weiter darüber nachzudenken gelobt oder kritisiert. Inzwischen geht sie interessierter und neugieriger vor, handelt aus Interesse und achtet auf die eigene Präsenz. Situationen wie früher führen heute zu einem Dialog anstatt zu Bewertungen, Kritik und gut gemeinten Ratschlägen. Dabei wendet Emmas Mutter gar keine neue Technik an. Die Situationen nehmen einen anderen Verlauf, seit ihre Sprache auf Emmas Wesensart abgestimmt ist.

Mathematikaufgaben – früher und heute

Früher	Heute
»Mensch, bist du toll, Emma.«	»Du hast alle Aufgaben geschafft? Das hört sich toll an.«
»Das ist eine gute Leistung, dass du schon im Unterricht damit fertig geworden bist.«	»Du siehst auch richtig froh und zufrieden aus.«
»Du warst ja richtig schnell. Im Rechnen wirst du immer besser.«	»Fandest du die Aufgaben heute leichter als sonst oder fiel es dir einfach leichter, sie auszurechnen?«
»Hast du wirklich alle Sterne bekommen? Der Lehrer fand also auch, dass du das super gemacht hast.«	»Und der Lehrer hat dir viele Sterne unter die Aufgabe gemalt? Damit zeigt er, dass er mit deiner Arbeit richtig zufrieden war, oder?«
»Das ist ja richtig gut gelaufen, Emma, jetzt bleib bloß dran!«	»Das ist bestimmt ein schönes Gefühl, alle Aufgaben geschafft zu haben. So hast du auch viel mehr Zeit zum Spielen.«
»Wie toll, dass du als Erste fertig geworden bist.«	»Du warst als Erste fertig? Das ist sicher ein herrliches Gefühl, oder? Zeigst du mir die Aufgaben mal?«
	»Ich sehe, dass du sogar genug Zeit hattest, die Aufgaben sauber abzuschreiben. Das sieht richtig schön aus. Ich bin stolz auf dich.«

Freizeit – früher und heute

Früher	Heute
»Das ist klasse, Emma.«	»Ich werd wahnsinnig: Ist das ein großer Fisch! Der sieht super aus.«
»Wow, das hast du toll gemacht.«	»Das war sicher schwer, den an Land zu ziehen, oder? So ein kräftiger Fisch zappelt ganz schön, stimmt's?«
»Und das gleich beim ersten Mal!«	»Weißt du, wie diese Sorte Fisch heißt? Ist das vielleicht ein Lachs?«
	»Ich verstehe gut, dass du den toten Fisch nicht riechen willst und findest, dass er stinkt.«
	»War das aufregend, mit Papa und Lasse beim Angeln?«
	»Bist du auch mutig genug, um es ein zweites Mal auszuprobieren?«
	»Wie sah es denn am See aus, wo ihr angeln ward?«

Kann Lob das Selbstvertrauen des Kindes stärken? Die einzige angemessene Antwort auf diese Frage lautet: Vielleicht. Ihnen fallen bestimmt Situationen ein, in denen Ihr Lob einen positiven Effekt hatte. Aber wie im Verhältnis von Emma und ihrer Mutter kommt es auf die Formulierungen an. Sprache hat viele Fallstricke – und Abgründe.

Emmas Geschichte ist eher die Regel als die Ausnahme. Jedes elterliche Lob setzt den Selbstwert des Kindes aufs Spiel. Dieses Risiko scheint mir zu hoch für eine Vorgehensweise, deren Erfolg fragwürdig ist.

Heute reserviert Emmas Mutter ihr Lob für ganz besondere Augenblicke. Sie vermisst es nicht, denn sie hat erkannt, wie sie mit einfachen Mitteln das Lob durch etwas viel Wertvolleres ersetzen kann.

Akzeptiere dich und andere

Röntgenblick

Jetzt können wir die verschiedenen Fäden zusammenführen. Wir wissen inzwischen, dass Kinder kein Selbstwertgefühl entwickeln, nur weil wir ihnen *sagen*, dass sie wertvolle Mitglieder der Gemeinschaft sind. Dies geschieht nur, indem wir ihnen *zeigen*, dass sie es sind. Auch wenn wir uns hinter Sprache verstecken, können wir doch davon ausgehen, dass Kinder unser Tun beobachten. Sie besitzen die angeborene Fähigkeit, das Geschehen außerhalb der Worte zu orten, zu spiegeln und zu spüren. Diese Fähigkeit hat ein gesundes Kind in seinem ersten Lebensjahr bis zu Perfektion ausgebaut.

Kinder verfügen also über eine Art Röntgenstrahlen, die uns mit Leichtigkeit durchschauen. Darum ist es für die Entwicklung eines starken Selbstwerts wichtig, dass unser Handeln mit unserem Befinden übereinstimmt. Sind wir zum Beispiel wütend, traurig, enttäuscht, froh, überrascht, neugierig oder ängstlich, dann sind wir das eben. Wir sollten nicht so tun, als ginge es uns anders, und dürfen unsere Gefühle nicht verleugnen. Anstatt uns zu verstellen, passen wir unsere emotionale Lage besser der Situation und dem Alter des Kindes an.

Nicht Fähigkeiten ...

Wenden wir uns noch einmal der Unterscheidung von Fähigkeiten und Eigenschaften zu. Die erwünschte Selbstwertstärkung wird nicht gelingen, wenn Sie sich nur auf die Entwicklung neuer oder den Ausbau alter Fähigkeiten konzentrieren. Auch erreichen Sie keinen dauerhaften positiven Effekt auf das Selbstwertgefühl Ihres Kindes, wenn Sie immer neue Erziehungsmethoden ausprobieren. Solche Techniken können sogar großen Schaden anrichten, wenn sie nichts anderes sind als verdeckte Manipulationen. Ihr Kind, das Klarheit verlangt, wird dadurch nur unnötig verwirrt. Um einen soliden Selbstwert zu entwickeln, braucht Ihr Kind nichts weiter als Sie, so wie Sie sind. Begegnen Sie ihm also so eindeutig und authentisch wie möglich. Fähigkeiten und Worte allein genügen nicht. Sie müssen sich damit auseinandersetzen, was sich im Zwischenraum Ihrer Worte und hinter den eigenen Fähigkeiten verbirgt.

... sondern Eigenschaften

Wenn Sie den Selbstwert Ihres Kindes stimulieren wollen, müssen Sie ihn an den Wurzeln packen – bei den Eigenschaften. Wenn Sie Ihre persönlichen Eigenschaften neu entdecken, akzeptieren und weiter entfalten, tut Ihr Kind dies bald mit den eigenen Fähigkeiten.

Hier ein Überblick über die Eigenschaften, von denen im Folgenden die Rede ist:

* Sensibilität in Sachen Selbstwert durch Auseinandersetzung mit sich selbst und Ihrem Kind
* Verständnis
* Offenheit
* Neugier

- Interesse
- Empathie
- Beobachtungsgabe
- Urteilsvermögen
- Akzeptanz
- Großzügigkeit
- Authentizität
- Präsenz
- Zusammengehörigkeit
- Gemeinschaft

Die meisten dieser Eigenschaften besitzen Sie zweifellos, die Frage ist nur, in welchem Ausmaß sie im Zusammenleben mit Ihrem Kind zum Tragen kommen. Wenn Sie ihnen mehr Platz gewähren, vergrößert sich die Chance, dass Ihr Kind ein starkes Selbstwertgefühl entwickelt.

Ihre Unterstützung wächst von innen, so wie das Fundament des Selbstwerts das Innere festigt. Je mehr Substanz und Bedeutung Sie den einzelnen Begriffen beimessen und in den gegenseitigen Austausch einbringen, desto größer ist die Wahrscheinlichkeit, dass Ihr Kind von dem Gefühl getragen wird: »Ich bin wichtig und wertvoll. Meine Eltern nehmen mich so an, wie ich bin.« Denn durch Offenheit, Neugier, Interesse, Akzeptanz und Präsenz signalisieren Sie dem Kind, dass es wichtig für Sie ist, genau so, wie es ist – weil es auf der Welt ist. Kehrt diese Erkenntnis immer wieder, verankert sie sich im Laufe der Zeit im Bewusstsein des Kindes und wird einen starken Selbstwert ausbilden.

Neue Wege in der Erziehung

Damit Ihre Unterstützung so effektiv wie möglich ist, müssen Sie sich vom Ausgangspunkt der traditionellen Kindererziehung entfernen –»Was kann ich für mein Kind tun?«– und den Mut aufbringen, neue Wege einzuschlagen, um die eigenen Eigenschaften und Kompetenzen auszubauen –»Was kann ich für mich tun, das meinem Kind guttut, wenn es mich spiegelt?«

Dadurch lösen Sie sich von dem früheren Prinzip, bestimmte Dinge aus erzieherischen Gründen *tun* zu sollen, und betreten ein Gebiet, in dem Sie *sein* dürfen: die Person, die Sie sind, mit allen Facetten – ein Mensch, der zu seinen Gedanken, Gefühlen, Bedürfnissen, Träumen, Hoffnungen und Werten steht.

Je mehr Raum Sie sich als Elternteil zugestehen und sich selbst als vollwertiges und gleichwertiges Mitglied der Gemeinschaft sehen und entsprechend verhalten, desto mehr ebnen Sie Ihrem Kind den Weg, ein solches Verhalten nachzuahmen.

Halten Sie das für undurchführbar? Vergessen Sie nicht, dass es im Prinzip nichts zu tun gibt, weder bei der Präsenz noch bei der Authentizität. Alles, was Sie zum Ausdruck bringen und widerspiegeln, ist Sein. Wenn Sie traurig sind, dann *sind* Sie traurig – versuchen Sie also nicht, ein anderes Gefühl zu simulieren. Wie sich Ihre Traurigkeit äußert und zeigt, wie Sie damit umgehen, liegt ganz an Ihnen. Geben Sie aber nicht vor, etwas anderes zu empfinden.

Ich will Sie keineswegs auffordern, sich permanent Ihren emotionalen Impulsen hinzugeben, sondern motivieren, diese Impulse als Wegweiser anzusehen. Sie helfen Ihnen, Ihr Befinden zu verstehen. Die alte Ermahnung »Zähl erst mal bis zehn« kann dabei hilfreich sein. Es ist ja denkbar, dass Ihre Traurigkeit, Wut, Enttäuschung oder Ohnmacht usw. gar nicht der Situation geschuldet sind, die Sie gerade erleben. Möglicherweise verschmilzt dieses Gefühl mit Erlebnissen von früher oder alten unerfüllten Wünschen und Gefühlen. Wenn Sie sich kurz sammeln – ob Sie nun bis zehn zählen und tief Luft holen –, müsste es Ihnen gelingen, Ihr Einfühlungs- und Urteilsvermögen zu aktivieren, damit Ihre Reaktion von keinen fremden Emotionen geprägt ist.

In konzentrierter Form lässt sich der Sachverhalt so ausdrücken: Da der Selbstwert Ihres Kindes und dessen Entwicklung in seinem tiefsten Inneren stattfindet, können Sie nur über das Wohlbefinden oder Unwohlsein Ihres Kindes Rückschlüsse ziehen. Dafür benötigen Sie zum einen Sensibilität in Sachen Selbstwert und dessen Entwicklung. Zum anderen müssen Sie auf die Anzeichen eines geschädigten Selbstwerts achten. Das Kennenlernen Ihres Kindes ist ein lebenslanger Prozess. Aus seinen Äußerungen erfahren Sie vieles: Was mag mein Kind und was nicht? Dafür benötigen Sie Offenheit, Neugier und Interesse, um das Besondere des kindlichen Charakters detailliert zu erkennen: Wer ist dieser Mensch eigentlich? Hier kommen Beobachtungsgabe und Einfühlungsvermögen zum Tragen.

Ihr Einfühlungsvermögen schulen Sie am besten, indem Sie sich Ihrer selbst bewusst werden und zu sich stehen: zu Ihren Gedanken, Gefühlen, Träumen, Hoffnungen, Bedürfnissen und Werten. So lernen Sie, Ihre persönliche Eigenheit zu erkennen und sie zu akzeptieren. Wenn Sie in der Lage sind, offenherzig mit sich zu sein, steigt die Wahrscheinlichkeit, dass Ihnen das auch mit Ihrem Kind gelingt. Je unverfälschter Sie die eigenen Eigenschaften, Gedanken und Gefühle annehmen und ausleben, desto authentischer werden Sie. So schulen Sie Ihre Fähigkeit, präsent zu sein – weit über das bloße Zusammensein mit Ihrem Kind hinaus. Das wiederum intensiviert Ihr Gefühl der Zusammengehörigkeit und entspricht dem Bedürfnis Ihres Kindes nach Gemeinschaft.

Das alles fließt in die Entstehung eines stabilen Selbstwerts ein, wie das folgende Beispiel zeigt:

Paul legt Feuer

Paul ist sechs Jahre alt und wohnt mit seinen Eltern im ersten Stock eines Mietshauses. An einem Samstagmorgen riecht sein Vater Rauch, kann die Quelle aber nicht ausmachen. Paul ist mit seinem besten Freund Marek unterwegs. Bisher haben die Eltern gute Erfahrungen damit gemacht, den Jungs wenige Regeln vorzugeben, die aber klar formuliert sind. Sie vertrauen ihnen, dass sie sich dementsprechend verhalten.

Der Rauch scheint aus dem Treppenhaus zu kommen. Als sie die Wohnungstür öffnen, wird der Geruch intensiver, Pauls Eltern sehen aber noch keinen Grund, die Feuerwehr zu rufen. Auf dem Weg in Richtung Keller kommt der Vater an der Eingangstür vorbei und sieht aus dem Augenwinkel, wie Paul und Marek über die Grünfläche vor dem Haus davonrennen. Unten angekommen, wird ihm klar, woher der Rauch kommt: Unter der Kellertreppe schwelen noch die letzten Reste eines kleinen Haufens Zeitungspapier. Panisch tritt er die Glut aus.

Schauen wir uns zwei Szenarien an, die folgen könnten.

Szenario 1

Der Vater spürt, wie Wut in ihm aufsteigt, erkennt aber nicht, dass sich dahinter noch andere Gefühle verbergen: Stress, Angst und Erleichterung. So schnell er kann, rennt er Paul und Marek hinterher und hat sie bald eingeholt.

Er stellt seinen Sohn zur Rede: »Was hast du dir verdammt noch mal dabei gedacht? Ist dir nicht klar, was alles hätte passieren können? Du kommst jetzt mit und hast Hausarrest. Dummköpfe wie dich kann man ja nicht frei rumlaufen lassen …«

Aus diesen Worten geht klar hervor, wie aufgebracht Pauls Vater ist. Seine Emotionen haben ihn geradezu übermannt. Sein Verhalten ist ein Ausdruck verwirrter und ungehemmter

Gefühle, vor allem Bestürzung und Hilflosigkeit, die durch die gefährliche Situation geweckt wurden. Da er immer noch neben sich steht, lässt er seinen Emotionen freien Lauf, anstatt überlegt zu sprechen.

Die meisten von uns haben vermutlich Verständnis für so eine Reaktion, vor allem im Hinblick auf die möglichen Folgen der Zündelei. Es ist nicht schwer, sich die Katastrophe auszumalen, die daraus hätte entstehen können. Schlagartig hat Paul das Vertrauen seines Vaters erschüttert und keiner von ihnen kann in diesem Moment die Konsequenzen absehen. Beide reagieren sie tief verunsichert: Paul mit Weglaufen, sein Vater mit Ärger.

Wie könnte es möglich sein, Paul in diesem Moment angemessen, d. h. präsent und akzeptierend, zu begegnen? Dies scheint zunächst eine unlösbare Aufgabe, denn ganz unabhängig davon, welche Beweggründe die beiden Jungen zu ihrer Tat bewogen haben mögen, ist sie völlig inakzeptabel. Dennoch sind Pauls und Mareks Gedanken von ihrem Handeln zu unterscheiden.

Niemand kann Paul seine Faszination für Feuer verübeln. Seine Lust, mit diesem Element zu experimentieren, ist verständlich. Er ist erst sechs Jahre alt und die Reichweite seiner Gedanken entspricht seinem Alter, seiner Entwicklung und der Summe seiner Erfahrungen. Was Feuer angeht, beschränken sich diese auf die elterliche Wohnung und auf Geschichten, die er gehört hat. Er weiß, dass Feuer gefährlich sein kann, dass es ganze Häuser zerstören und Menschen und Tieren Schaden zufügen kann. Er selbst hatte aber nie die Gelegenheit, die faszinierende Kraft des Feuers auszuprobieren. Unbekanntes weckt Neugierde und besitzt große Anziehungskraft. So regte sich in Paul ein unwiderstehlicher Drang zu zündeln, was durch mangelndes Vorstellungsvermögen noch befördert wurde. Problematisch ist vor allem, dass Paul nicht zögerte, seine gefährliche Idee in die Tat umzusetzen.

Erst nach den zornigen Worten von Pauls Vater wird den Jungen die Tragweite ihres Handelns bewusst. In diesem Moment spielt Akzeptanz eine große Rolle. Der Vater muss akzeptieren, dass Paul nun einmal so gehandelt hat, wie es geschehen ist. Es rückgängig zu machen ist unmöglich. Akzeptieren bedeutet, die Wirklichkeit so anzunehmen, wie sie ist: sämtliche eingetretenen Gedanken, Entscheidungen, Handlungen und Folgen dieser Handlungen. Denn ebenso wenig wie die Tat ungeschehen gemacht werden kann, kann der Vater seine wütende Reaktion zurücknehmen. Wie kann er aber seinem Sohn in diesem Moment mit Akzeptanz begegnen? – So könnte die Situation ablaufen, wenn Pauls Vater ein Verhältnis zu sich und seinem eigenen Selbstwert gefunden hat ...

Szenario 2

Der Vater spürt, wie die Wut in ihm aufsteigt, holt aber noch einmal Luft und lässt die Emotionen seinen Körper durchfluten. Sein Puls ist erhöht und er ist außer Atem. Da er sich seiner Benommenheit und Ratlosigkeit bewusst ist, lehnt er sich mit dem Rücken an die Kellerwand, um sich zu sammeln. Schreckensbilder jagen durch seinen Kopf. Vor seinem inneren Auge sieht er die beiden Jungen wegrennen, dann senkt er den Blick und betrachtet den kleinen Haufen schwarzer Asche und Papierreste. Die Gefahr ist gebannt. Er spürt kalten Schweiß auf seinem Rücken. »Das hat mir einen ganz schönen Schrecken eingejagt«, denkt er.

Von oben hört er seine Frau rufen: »Bist du da unten? Was ist los? Brennt es? Soll ich die Feuerwehr rufen?« Er spürt, dass er um einiges ruhiger ist – der erste Schock ist vorbei –, und antwortet seiner Frau: »Alles in Ordnung. Das Feuer ist aus. Bin gleich bei dir.«

Zurück in der Wohnung besprechen die Eltern gemeinsam, was zu tun ist. Sie beschließen, dass es am besten ist, so schnell wie möglich darüber zu reden. Also geht der Vater vor das Haus, doch die Jungen sind nirgends zu sehen. Ein Mädchen aus dem Nachbarhaus hat aber beobachtet, wohin die beiden gerannt sind. Langsam geht er in die Richtung und überlegt dabei, wie er sich verhalten soll. Er wägt seine Worte genau ab und überlegt, wie er seine Akzeptanz gegenüber Paul und Marek ausdrücken soll und gleichzeitig die Tragweite des Vorfalls vermitteln kann, damit sich ein Vorfall wie dieser in Zukunft nicht wiederholt.

Hinter der Hauswand kommt ein kleiner Haarschopf zum Vorschein und verschwindet gleich wieder. Mit ruhigem, aber bestimmtem Tonfall ruft er: »Ihr könnt ruhig rauskommen. Weglaufen bringt nichts. Es ist nichts Schlimmes passiert. Das Feuer ist gelöscht. Aber ich möchte mit euch sprechen. Ihr müsst keine Angst haben, aber sprechen müssen wir.«

Der Vater bleibt stehen und wartet, während er nachspürt, was in ihm vorgeht. Er merkt seine innere Anspannung, ist aber dennoch gefasst.

Mit hängenden Köpfen kommen die Jungs hinter der Hauswand hervor. Zuerst Marek, dann Paul. Ihnen ist deutlich anzusehen, dass sie Angst haben und sich schuldig fühlen. Dann folgt ein Schritt auf den anderen.

Der Vater streckt Paul und Marek die Hände entgegen. Mit dieser Geste akzeptiert er sie und lädt sie ein, auf ihn zuzukommen. Als er gespannt wartet, ob sie die Einladung annehmen, zucken die Jungen erst zusammen und stürmen ihm dann entgegen. Die Stimmung ist dennoch gedrückt. Wortlos gehen die drei in die Wohnung.

Pauls Mutter wartet schon. Auch sie wirkt verunsichert und ratlos. Sie holt Luft, um Paul zu befragen, aber der Vater wirft ihr einen Blick zu, der sie bittet, ihn das Gespräch führen zu lassen.

Offene Worte

Der Vater beginnt: Das war nicht gut, was ihr da gemacht habt.
Paul und Marek sehen betreten zu Boden und antworten kleinlaut:
Nee, war nicht gut.
Vater: Das hätte furchtbar schiefgehen können. Wisst ihr das?
Paul und Marek bedrückt: Jaaahh.
Vater: Ich habe einen Riesenschreck bekommen. Was habt ihr
euch vorher überlegt? Wisst ihr noch? Was hattet ihr mit
dem Feuer vor?
Marek: Wir wollten nur ein bisschen Feuer machen.
Vater: Und wo hattet ihr denn die Streichhölzer her?
Paul: Vom Küchentisch.
Vater: Aber du weißt doch, dass du die Streichhölzer nicht ein-
fach nehmen darfst ...
Paul: Ja, aber ...
Vater: Es war einfach zu verlockend, oder?
Paul: Hmm ...
Vater: Das kann ich gut verstehen. Vielleicht hätte ich dir mehr
über Feuer erzählen müssen und dich auch mal Feuer machen lassen sollen, damit du weißt, wie man damit umgeht
und wie gefährlich das sein kann. Zum Glück ist dieses Mal
nichts Schlimmes passiert. Aber ihr wisst schon, dass das
ganze Haus hätte abbrennen können. Einige von den Be-
wohnern wären dann schwer verletzt worden oder sogar
verbrannt ...
Paul: Neiiin ...
Vater: Das ist ja auch schwer, sich das vorzustellen, wenn man
erst sechs Jahre alt ist. Ich muss euch das aber erklären, damit ich sicher sein kann, dass ihr so etwas nicht noch einmal
macht, wenn kein Erwachsener dabei ist. Es ist wichtig, dass
wir uns auf euch verlassen können. Im Moment bin ich mir
nicht ganz sicher, ob wir das können, aber ich will, dass wir
das wieder in Ordnung bringen.

Dann fährt er fort: Ich erinnere mich, als ich so klein war wie ihr zwei ... Wir wohnten auf dem Land, Opa, Oma und ich, und hatten oft auf den Feldern zu tun. Nach der Ernte war es ganz normal, dass man das Heu abbrannte. Also haben wir es aufgeschichtet und Opa hat dann das eine Ende angezündet. Manchmal durfte ich das Streichholz anzünden und er hat mir dabei zugesehen. Das fand ich ganz schön spannend, damals ...

Marek: War das nicht gefährlich?

Vater: Doch, das war es. Aber Pauls Opa hat mir gezeigt, wie es geht. Er war immer sehr vorsichtig, denn er wusste, dass das Feuer sich ganz schnell ausbreiten kann. Wisst ihr, was dann passiert?

Paul: Nein, was?

Der Dialog setzt sich noch eine Weile fort. Die Stimmung wird immer lockerer und die Jungen sind fasziniert von den Erzählungen des Vaters. Bald fragen sie ihn Löcher in den Bauch und wollen alles Mögliche über die Gefahren des Feuers wissen und wie der Vater als Kind damit umgegangen ist. Daran können sie sich ein Beispiel nehmen.

Das ganze Gespräch dauert etwa eine halbe Stunde. Der Vater hat seine Rolle als Erwachsener ernst genommen und erkannt, dass sein Sohn und dessen Freund aus Unwissenheit leichtsinnig gehandelt haben. Er hat ihnen vermittelt, dass er ihre Faszination versteht und akzeptiert, und zu verstehen gegeben, dass er ihre Lust, mit Feuer zu experimentieren, nachvollziehen kann. Er akzeptiert ihre Beweggründe, ohne ihr Tun richtig zu finden. Er hat ihnen deutlich gemacht, dass Zeit und Ort für ihr Experiment falsch waren und die Konsequenzen furchtbar hätten sein können. Außerdem übernahm er die Verantwortung dafür, den beiden fehlendes Wissen zu vermitteln. Am Ende haben Paul und Marek sich wieder beruhigt, wirken aber sehr ernst.

Vater: Wollen wir uns einen Platz suchen, wo wir ein Lagerfeuer machen können? Dann zeige ich euch, wie das geht, dass sich das Feuer nicht ausbreitet und nichts passiert. Und wenn es brennt, grillen wir Stockbrot und Würstchen, was meint ihr?

Paul und Marek: Suuuper!

Vater: Prima. Dann schauen wir mal, wo wir das machen. Und Marek, ich werde mit deiner Mutter sprechen und ihr erzählen, was passiert ist und was wir abgemacht haben. Es ist ja zum Glück nichts Schlimmes geschehen. Ich werde ihr auch sagen, dass ihr mir versprochen habt, nie wieder ohne Erwachsene zu zündeln – weder drinnen noch draußen. Okay? Könnt ihr mir bitte in die Augen schauen und mir das versprechen?

Paul und Marek ziehen die Schultern hoch, dann sehen sie Pauls Vater in die Augen, nicken und sagen: Okay. Versprochen. Nie wieder.

Am Ende sind alle »mit heiler Haut« aus der Situation herausgekommen – ohne Verletzung der eigenen Würde und sogar ein wenig klüger. Alle drei leben mit einem gestärkten Gefühl von Gleichwürdigkeit und Zusammengehörigkeit weiter, das den Selbstwert jedes Einzelnen stärkt.

Akzeptanz zeigen

Pauls Vater begegnet den Jungen mit Verständnis und Akzeptanz, er nimmt sie als gleichwertige Menschen wahr und akzeptiert:

- dass sie sich Gedanken gemacht haben
- dass sie ihre Beweggründe hatten
- dass sie Impulsen und Gefühlen ausgesetzt waren

- dass sie Entscheidungen getroffen und sich entsprechend verhalten haben

Er nimmt auch Bezug auf das Alter der Jungen und ihren Entwicklungsstand, akzeptiert sie als Sechsjährige mit ihren eigenen Gefühlen, Gedanken, Wünschen, Bedürfnissen, Antrieben usw. Die Wahl ihrer Entscheidung und Handlungen akzeptiert er aber nicht. Mit aller Deutlichkeit signalisiert er Paul und Marek, dass diese falsch waren, ohne zu vergessen, auf welcher Grundlage ihre Beweggründe basierten: Unwissenheit, Unreife und Mangel an Erfahrungen. Da der Vater die Unwissenheit und den Mangel an Erfahrungen beheben kann, übernimmt er dafür die Verantwortung.

Sein Einfühlungs- und Urteilsvermögen haben ihm außerdem zu der Erkenntnis verholfen, dass die Jungen nicht wider besseres Wissen gehandelt haben. Hätten sie böse Absichten gehabt, so wäre die Sache anders abgelaufen und die Reaktion des Vaters wäre weniger verständnisvoll ausgefallen.

Die drei Grundpfeiler des Selbstwerts

Gemeinschaft

Wir sind fast am Ende unseres Buches über das Wesen des Selbstwerts und seine Entwicklungsgeschichte angelangt. Mit seiner Lektüre haben Sie den eigenen Willen und die eigene Motivation angeregt, mehr über Ihren Selbstwert und den Ihres Kindes zu erfahren und sie besser zu verstehen. Die wichtigsten Puzzleteile sind damit schon an ihrem Platz. Etwas in Ihrem Bewusstsein hat sich bereits verändert. Viel mehr benötigen Sie gar nicht, der Rest ist Fleißarbeit – tägliches Üben, Sich-bewusst-Machen, Einsatz von Kreativität und Verbesserungen, Tag für Tag, bis die neuen Denkmuster gefestigt sind.

Jeder noch so kleine Schritt in die richtige Richtung zählt, denn die Ergebnisse Ihrer Bemühungen sind Freude, Sicherheit, Vertrauen, Erleichterung oder das Leuchten in den Augen Ihres Kindes. Das wird Ihnen Mut machen, mit der Veränderung fortzufahren, und es wird Ihnen zunehmend schwerfallen, in alte Gedankenmuster zurückzufallen.

Wenn wir alles sammeln, was wir im Laufe dieser Seiten über den Selbstwert erfahren haben, und versuchen, daraus ein Konzentrat zu extrahieren, tauchen drei Begriffe auf, die so wesentlich sind, dass ich nicht zögere, sie die »drei Grundpfeiler des Selbstwerts« zu nennen.

Lassen Sie uns ein letztes Mal zur Metapher des Hauses zurückkehren, bei dem der Selbstwert das Fundament des Baus ist. Um den Boden darunter zu sichern, errichten wir einen Pfahlbau. Dabei werden einige Pfeiler in den Boden geklopft, um das Erdreich zu stabilisieren und zu festigen. So kann das Fundament sicher auf den Grundpfeilern stehen. Ist das Haus schon errichtet und man stellt erst danach fest, dass kein Fundament vorhanden ist, kann man auch nachträglich einen Pfahlbau auf gesichertem Grund errichten.

Die drei Grundpfeiler unseres Selbstwerts sind:

Selbstwert		
Gemeinschaft	Präsenz	Authentizität

Die Konzentration auf diese drei Begriffe und die entsprechenden Eigenschaften werden Ihnen die tägliche Arbeit am eigenen Selbstwert vereinfachen. Wenn sie in den Alltag mit Ihrem Kind Einzug halten, können Sie nicht nur den Selbstwert Ihres Kindes, sondern auch Ihren eigenen stärken.

Leider erlebe ich häufig, dass Gemeinschaft, Präsenz und Authentizität in der westlichen Welt Mangelware sind. Einige sprechen von einer Zapp-Kultur, inspiriert vom »Zapping«, bei dem man permanent von einem Fernsehprogramm zum nächsten umschaltet. Ich finde den Ausdruck sehr treffend für eine generelle Tendenz zur Flüchtigkeit, die in der jüngeren Generation besonders deutlich wird. Für den individuellen Selbstwert ist die Zapp-Kultur fatal, denn er braucht bei seiner Entstehung und Entfaltung viel Zeit und Konzentration. So wie es auch eine Weile dauert, bis Zement hart geworden ist.

Lassen Sie uns zum Abschluss die drei Begriffe einzeln betrachten.

Die Bedeutung des Gefühls von Gemeinschaft und Zusammengehörigkeit ist für die Entwicklung, die Grundstimmung und den Selbstwert Ihres Kindes nicht hoch genug einzuschätzen. Es ist der erste Grundpfeiler des Selbstwerts.

Obwohl Selbstwert eine sehr persönliche Angelegenheit ist, handelt es sich keineswegs um ein isoliertes Phänomen. Er lässt sich nicht losgelöst von der menschlichen Gemeinschaft betrachten, verstehen oder beschreiben. Zwischenmenschliche Beziehungen sind für seine Entwicklung und Entfaltung elementar. Die Qualität dieses kontinuierlichen Zusammenspiels entscheidet darüber, wie unser Selbstwert aussieht. Schließlich entwerfen wir unseren Selbstwert nicht ein einziges Mal mit ewiger Gültigkeit, sondern er befindet sich in andauernder Entwicklung. Dabei bestimmt unsere Fähigkeit, uns auf konstruktive Gemeinschaften mit anderen einzulassen, den Kurs, den unser Selbstwert nimmt.

Auf diesem Gebiet können Sie als Elternteil Ihr Kind darin unterstützen, konstruktive und tragende Bindungen einzugehen. Das ist nur möglich, wenn Sie mit gutem Beispiel vorangehen und zeigen, wie man das macht. Gegenüber Ihrem Kind werden Ihre Eigenschaften auf die Probe gestellt, wobei es nicht darum geht, was Sie ihm erklären, sondern was Sie ihm vorleben.

Im Zentrum steht dabei das Zusammengehörigkeitsgefühl zwischen Ihnen und Ihrem Kind, denn die frühen Bindungserfahrungen bestimmen später, wie Ihr Kind zwischenmenschliche Beziehungen entwickelt.

Da Ihr Kind Sie spiegelt, beobachtet es sehr genau, wie Sie andere Beziehungen pflegen. Auf diese Weise macht es sich ein Bild davon, was Zusammengehörigkeit bedeutet. Es entstehen innere Arbeitsmodelle und Bindungsmuster, die das Kind als Ausgangspunkt für seine Beziehungen wählt: Kann ich mich auf meine Umwelt verlassen? Oder muss ich auf der Hut sein? Ist die Welt ein sicherer Ort? Oder muss ich sie fürchten?

Die neuste neurologische Forschung hat festgestellt, dass die ersten Beziehungserfahrungen die kindliche Entwicklung beeinflussen. Bei einer Störung der Beziehung wird auch das Nervensystem des Kindes geschädigt. Dass einige dieser Schäden irreparabel sind, haben Untersuchungen bei Waisen und Pflegeheimkindern sowie bei Kindern gezeigt, die mit Eltern aufgewachsen sind, die selbst unter massiven Beziehungsstörungen litten und nicht in der Lage waren, ein tiefes emotionales Verhältnis zu ihren Kindern aufzubauen.

Das Verhältnis zwischen Ihnen und Ihrem Kind ist also beim Wachstum seines Gehirns genauso beteiligt wie andere Beziehungserfahrungen. In einer Wechselwirkung zwischen Vererbung und Umwelt wird innerhalb der ersten sechs Lebensmonate die Rohskizze der kindlichen Persönlichkeit angelegt. Danach haben Sie noch etwa zwölf Jahre Zeit, um zusammen mit dem Kind diese Skizze zu verfeinern. Ab dann ist für uns Eltern kaum noch was zu tun – was viele nicht wahrhaben wollen.

Damit das Nervensystem Ihres Kindes reifen kann, muss es frühe, nahe und sichere Beziehungen eingehen können. Nur so lernt es, seine eigenen Gefühle zu verstehen und sich in jene anderer hineinzuversetzen. Die Grundlagen für die Selbstwahrnehmung und das Einfühlungsvermögen Ihres Kindes werden wie alle Beziehungs- und Bindungsmuster sehr früh gelegt, zeitgleich mit dem Fundament seines Selbstwertes.

Zwischenmenschliche Beziehungen

Sie haben also etwa zwölf Jahre Zeit, in denen Ihr Einfluss am intensivsten ist. Je früher Sie damit anfangen, desto größer ist die Wahrscheinlichkeit, dass Sie die Entwicklung des Selbstwerts Ihres Kindes unterstützen können.

Es gibt vier soziale Bereiche, in denen Sie als Vorbild fungieren und Ihrem Kind ein Bild davon vermitteln können, wie sich Beziehungen gestalten lassen. Stellen Sie sich folgende Fragen:

Wie ist Ihre Beziehung zu
- Ihrem Kind?
- Ihrem Partner/Ihrer Partnerin?
- Ihrer sonstigen Familie (weitere Kinder, die eigenen Eltern und Geschwister)?
- anderen Menschen (Freunde, Kollegen, Postbote, Kassiererin, Finanzbeamter, Ausländer, Andersgläubige, Menschen mit Behinderung usw.)?

Jeder dieser Bereiche ist daran beteiligt, die Vorstellungswelt Ihres Kindes zu gestalten – wie Bilderrahmen, in die Ihr Kind sich einfügen will. Sind Ihre Beziehungen von Harmonie, Geborgenheit, Großmut, Gleichwürdigkeit und Ruhe geprägt oder gibt es Konflikte, Vorurteile, Unsicherheit, Unnachsichtigkeit oder Disharmonie? Wie halten Sie es mit Respekt, Anwesenheit und Toleranz?

Gibt es Bereiche, in denen Sie gerne etwas ändern würden? Eines ist sicher: Ganz gleich für welchen Bereich Sie sich entscheiden, jede Veränderung wird einen positiven Effekt auf den Selbstwert Ihres Kindes haben.

Anzeichen für einen soliden Selbstwert

Um Ihnen Orientierung zu geben, auf was Sie bei Ihren Beziehungen achten können, habe ich eine Reihe von Begriffen zusammengestellt, die Menschen mit solidem Selbstwert kennzeichnen. Charakteristisch an dieser Liste ist, dass alle Eigenschaften mit zwischenmenschlichen Beziehungen zu tun haben.

- Ruhe
- Harmonie
- Freude
- Einfühlungsvermögen
- Empathie
- Toleranz

- Gemeinschaftsgefühl
- Freundlichkeit
- Hilfsbereitschaft
- Nachsicht
- Vergebung
- Höflichkeit
- Entgegenkommen
- Respekt
- Großzügigkeit
- Anwesenheit
- Authentizität

- Gerechtigkeitssinn
- Verantwortlichkeit
- Großmut
- Wertschätzung
- Gleichwürdigkeit
- Integrität
- Freude am Teilen
  und Tauschen
- Selbstlosigkeit
- Moral
- Ethik

Diese Zusammenstellung kann Ihnen helfen, Ihrem Kind in den vier sozialen Bereichen ein Vorbild zu sein. Dabei handelt es sich um ein Idealbild. Kein Mensch kann in allen vier Bereichen sämtliche Stärken entwickeln oder entfalten. Dennoch ist es gut, ein Ziel zu haben, nach dem man sich richten kann. Und jeder noch so kleine Schritt in die richtige Richtung zählt! Je mehr ein Kind vermittelt bekommt, dass Erwachsene sich um andere Menschen kümmern, dass sie über sich selbst hinaus Verantwortung übernehmen, desto wahrscheinlicher zieht es den Schluss: »Dann bin auch ich nicht allein.«

Die Liste soll deutlich machen, dass es weniger ausschlaggebend ist, was man *tut*, sondern war man *ist*. Präsenz und Toleranz kann man schließlich nicht *tun*, präsent und tolerant kann man nur *sein*...

Das Bild wird klarer

Die Eltern sind, wenn alles nach Plan läuft, die ersten Bezugspersonen eines Kindes. Danach baut es nach und nach die Welt seiner Beziehungen aus und entwirft dadurch seine Vorstellung von Gemeinschaft.

Als Elternteil haben Sie neben Ihrer Funktion als Vorbild die wichtige Aufgabe, Ihr Kind in der Knüpfung neuer Kontakte und Bindungen zu unterstützen. Denn diese Fähigkeit ist wesentlich für seine Persönlichkeitsentwicklung und die Stärkung seines Selbstwerts. Sie wird in seinem späteren Leben ein Schutzschild gegen physische, psychische und zwischenmenschliche Rückschläge sein.

Das Beste, was Sie als Mutter oder Vater für Ihr Kind tun können, ist das Leben zu genießen. Denn die Art und Weise Ihrer Bindung ist maßgeblich daran beteiligt, wie es sein eigenes Leben empfinden und leben wird. Die Mechanismen und Prinzipien sind einfach: Gehen Sie voran. Zeigen Sie ihm den Weg. Zeigen Sie ihm, wie Sie selbst es angehen. Leben Sie so, wie Sie es in Ihrem Kind widergespiegelt sehen möchten. Genießen Sie das Leben. Sorgen Sie für Freude, Akzeptanz und Großzügigkeit. Ihre Ausstrahlung wird sich auf Ihr Kind übertragen.

Die Mechanismen und Prinzipien zur Entwicklung des Selbstwertes Ihres Kindes sind ähnlich einfach. Hier ein paar Beispiele:

- Wenn Sie Ihrem Kind zeigen, dass Sie gerne mit ihm zusammen sind und seine Präsenz Sie froh macht, wird es sich wertvoll fühlen.
- Wenn Sie ihm Ihre Freude und Zufriedenheit ausdrücken, dass es auf der Welt ist, wird es seine bloße Existenz als wertvoll empfinden.
- Wenn Sie Ihrem Kind ganz nah sein und mit ihm zusammen schweigen können, wird es seine eigene Anwesenheit als wertvoll empfinden.
- Wenn Sie unterschiedlichste Gefühle bei Ihrem Kind nachempfinden können, ohne gleich nach Lösungen zu suchen, wird es spüren, dass seine Gefühle richtig und wertvoll sind.

* Wenn Sie es akzeptieren, wenn Ihr Kind sich zurückziehen und allein sein will, wird es sich respektiert und wertgeschätzt fühlen.

* Wenn Sie sich einem drängenden Konflikt stellen und aufmerksam und anerkennend verhalten, wird sich Ihr Kind wertvoll fühlen.

* Die Wiedersehensfreude in Ihren Augen und die Zeichen Ihrer Körpersprache, wenn Sie Ihr Kind vom Kindergarten oder von einer Klassenfahrt abholen, zeigen Ihrem Kind, wie wertvoll es ist.

So können Sie den Selbstwert Ihres Kindes stärken, ohne ein einziges Wort zu sagen.

Engagement, Freiheit und Abgrenzung

Zu viel ist zu viel, zu wenig ist zu wenig. Damit Ihr Kind eine stabile Persönlichkeit entwickeln kann, sollten Sie sein Leben mit ganzem Herzen und viel Engagement begleiten. Genauso wichtig ist es aber, das Bedürfnis Ihres Kindes nach Rückzug, Ruhe, Passivität und Alleinsein zu erkennen und zu respektieren. Es benötigt Zeit, um seine Eindrücke zu verarbeiten, so wie wir nach einer ausgedehnten, üppigen Mahlzeit erst mal verdauen müssen.

Wenn ein Kind das Säuglingsalter hinter sich gelassen hat, schwankt es permanent zwischen Nähe und Distanz, Bindung und Abgrenzung, der Suche nach Anregungen und dem Bedürfnis ihrer Verarbeitung. Wichtig ist, dass Sie Ihrem Kind dabei helfen, eine gesunde Balance zwischen den Polen zu finden. Das erfordert viel Einfühlungsvermögen und Urteilskraft. Um sich selbst spüren zu können, benötigt ein Kind Zeit mit sich allein, Stille und innere Einkehr. Um sich selbst finden zu können, muss es vorher aber zuerst Sie entdecken.

Kinder brauchen Aufgaben

Um sich als Mitglieder einer Gemeinschaft zu fühlen und Verantwortungsbewusstsein zu entwickeln, müssen Kindern auch Aufgaben übertragen werden. Nur so lernen sie Verantwortung zu übernehmen. Für ihren Selbstwert ist es hilfreich, Pflichten zu erfüllen, die für andere von Nutzen sind. So erhalten sie das wichtige Signal, dass sie einen bedeutsamen Platz in der Gemeinschaft ausfüllen und dass sie fehlen würden, wenn sie nicht da wären. Mit der Übertragung lösbarer Aufgaben überreichen Sie Ihrem Kind quasi die Eintrittskarte für die Gemeinschaft. Dies geschieht zum Beispiel, wenn es den Mülleimer rausbringt, zum Bäcker Brot holen geht oder Schnee schaufelt. Zeigen Sie Ihrem Kind auch Ihren Arbeitsplatz, fahren Sie mit ihm auf einen Bauernhof oder nehmen Sie es mit zur Jahresinspektion des Autos. Beziehen Sie es in die Ferienplanung oder den Ausbau des Hauses ein. Lassen Sie es beim Wechseln von Dichtungsringen zusehen und beim Sortieren der Wäsche helfen. Es gibt unendlich viele Möglichkeiten. Sie können gar nicht genug Ideen haben, denn Aktivitäten dieser Art dienen alle dem Wohl Ihres Kindes.

Lassen Sie Ihre Tochter oder Ihren Sohn an so vielem wie möglich teilhaben, was für Sie persönlich wichtig ist, damit das Kind Ihre Welt zu hören, fühlen, spüren und schmecken bekommt.

Präsenz

Das größte Geschenk, das Sie Ihrem Kind machen können, ist präsent zu sein. Was heißt das aber?

Zuerst müssen wir differenzieren zwischen »präsent sein« und »zusammen sein«. Die meisten Kinder sind fast zu viel mit anderen zusammen – an präsenten Bezugspersonen besteht dennoch ein Mangel. Ohne Präsenz sind gemeinsame Stunden wie sinnlose Kalorien, so als würde man einen Schokoriegel essen, obwohl der Magen nach einem Teller Nudeln mit Gemüse verlangt. Der schlimmste Hunger lässt sich zwar mit Süßigkeiten stillen, auf lange Sicht führt das aber zu Mangelerscheinungen. Sie werden überrascht sein, welchen durchschlagenden Erfolg es für Ihren Selbstwert und den Ihres Kindes hat, wenn Sie präsenter sind. Worin besteht aber der Unterschied zwischen Zusammensein und Präsenz? Sie sind so verschieden wie Tag und Nacht – wie Selbstvertrauen und Selbstwert.

Zusammensein	Präsenz
Mit jemandem zusammen sein	Sich dem Augenblick ganz hingeben

An sich haben die einzelnen Begriffe wenig miteinander zu tun, aber gemeinsam bilden sie ein gutes Team, das Selbstwert fördert. Präsenz setzt keine Gemeinschaft voraus. Man kann allein und doch präsent sein, wenn man sich auf den Augenblick einlässt. Präsenz bedeutet, im Hier und Jetzt zu leben.

Für die meisten therapeutischen Prozesse stellt die Entwicklung von Präsenz eine große Herausforderung dar. Zugleich handelt es sich um einen Bereich, der sehr positive Wirkungen entfaltet. Doch es fällt generell schwer, Präsenz zu erlernen, wenn man in seiner Kindheit selbst keine erfahren hat.

Ihr Kind wird es aber schaffen, wenn Sie in der Beziehung zu ihm präsent sind. Dafür müssen Sie selbst Präsenz empfinden können – wieder einmal beginnt die Erziehungsarbeit also bei den Eltern. Zum Glück haben wir in unseren Kindern die besten Partner, denn sie fordern am nachdrücklichsten Präsenz ein.

Um Präsenz zu spüren, benötigen Sie Zeit. Nicht unbedingt viel, aber genug Zeit für »innere Einkehr«. Eine noch treffendere, etwas ältere Bezeichnung ist »Verweilen«. Präsent sein – für sich und andere – bedeutet, verweilen zu können. Wie gesagt, nicht für lange, aber ausreichend lang, um den Augenblick zu spüren. Geben Sie sich dem hin, was ist, und lassen Sie den Wunsch los, etwas verändern zu wollen. Wenn sich etwas verändern soll, wird dies von selbst geschehen. So einfach ist die Aufgabe – einfach, doch nicht notwendigerweise leicht. Einer der wichtigsten Schlüssel in diesem Zusammenhang ist Akzeptanz – die Fähigkeit, zu akzeptieren, was ist. Wir können uns keiner Sache und keinem Moment hingeben, solange wir nicht bereit sind, den Zustand oder den Menschen genau so zu akzeptieren, wie er ist. Und die beste Gelegenheit, Akzeptanz und Präsenz zu trainieren, ist das Akzeptieren und Zulassen unserer eigenen Gefühle und die unserer Kinder. Denn Gefühle sind Signale des Körpers, die Auskunft darüber geben, wie wir auf unsere Umwelt reagieren, sowohl die innere als auch die äußere. Indem wir unsere Gefühle so akzeptieren, wie sie sind, nehmen wir sie als Signale an.

Natürlich geben Gefühle auch Impulse für Handlungen. Präsenz ist aber das, was in uns vorgeht, bevor oder während wir handeln. Sie können üben, Ihre Gefühle zu akzeptieren, indem Sie sie benennen, entweder laut oder in Ihrem Inneren: »Gerade bin ich traurig, wütend, besorgt, verletzt, überrascht, unsicher, fröhlich, enttäuscht usw.« Sie werden überrascht sein, wie viele verschiedene Gefühlsregungen Sie wahrnehmen und in Worte fassen können. Ich habe mir selbst einmal diese Aufgabe gestellt und bin auf über fünfhundert gekommen. Ziel ist es, kurz innezuhalten und nachzuspüren. Verweilen Sie einfach einen Augenblick in sich. Spüren Sie nach, wo in Ihrem Körper das Gefühl sitzt. Gefühle sind auf seltsame Weise sehr physisch wahrnehmbar. Versuchen Sie erst dann, dem Gefühl einen Namen zu geben. Sagen Sie sich: »Ich bin …« oder »Ich spüre, dass ich mich … fühle.«

Gefühle akzeptieren

Menschen verfügen über acht sogenannte Primärgefühle. Das sind universelle Emotionen, die man in allen Völkern und Stämmen dieser Erde finden kann: Freude, Ekel, Furcht, Vertrauen, Wut, Kummer, Erstaunen und Neugier. Alle anderen Gefühle sind Nuancen der Primärgefühle, etwa Verlegenheit, Unbehagen, Heiterkeit, Trotz, Missmut, Euphorie, Verbitterung, Eifersucht und viele mehr. Wir sollten unseren Kindern so viele dieser Eigenschaften wie möglich vermitteln, denn sie alle haben ihre Berechtigung und sind wichtige Signale. In vielen Fällen ist es fatal, sie zu übersehen.

Gefühle müssen erlernt werden. Das heißt aber nicht, dass wir sie unseren Kindern beizubringen haben. Das Vermögen besitzen Jungen und Mädchen von Natur aus. Sie entfalten sich emotional, sobald sie sich der Welt zuwenden. Vielmehr müssen wir ihnen beibringen, sich auf Gefühle einzulassen, ihnen nachzuspüren und sie zu ergründen. Wir sollten auch den Irrtum ausräumen, dass es gute und schlechte Gefühle gibt. Gefühle sind Gefühle. Sie können angenehm und unangenehm sein, so *sind* sie eben. Das kann und soll nicht anders sein.

Das Kind akzeptieren

Unsere Gefühle zeigen uns und anderen, wer wir sind. Zwei Menschen betrachten dasselbe Phänomen: Der eine lacht, der andere weint. Warum ist das so? Weil es zwei verschiedene Menschen sind, die mit unterschiedlichen Eigenschaften geboren wurden, und jeder Einzelne in seinem Leben individuelle Erfahrungen gemacht hat. Akzeptieren wir die Gefühle, die wir täglich spüren, so nehmen wir auch uns selbst an, wie wir sind.

Wenn wir die Gefühle unserer Kinder annehmen, akzeptieren wir sie, wie sie sind, und stärken dadurch ihren Selbstwert.

Ist das wirklich so einfach? Die Antwort lautet definitiv: Ja! Es ist alles eine Frage der Übung und Wiederholung.

Die meisten von uns haben schon einmal zu hören bekommen: »Nimm dir das nicht so zu Herzen...« oder »Darüber musst du doch nicht traurig sein...« Solche Sätze sind reines Gift für unseren Selbstwert. Übersetzt bedeuten sie nämlich: »Sei nicht der, der du bist...« oder »Fühl dich anders, als du empfindest, sei gefälligst fröhlich...« Im Folgenden finden Sie einige Beispiele dafür, wie man Sätze so umformulieren kann, dass sie Akzeptanz ausdrücken.

Nicht akzeptieren	Akzeptieren und bestärken
»Darüber muss man doch nicht traurig sein!«	»Ich hab das Gefühl, dass dich das traurig gemacht hat. Stimmt das?«
»Warum bist du denn traurig?«	»Weißt du, warum du traurig bist?«
»Denk einfach nicht mehr drüber nach!«	»Ich sehe, dass dir das Sorgen macht. Hast du Angst, dass etwas schiefgehen könnte?«
»Das schaffst du locker!«	»Ich spüre, dass du die Aufgabe schwierig findest. Aber ich glaube fest daran, dass du sie bewältigen wirst.«
»Vor so etwas musst du doch keine Angst haben!«	»Das hat dir ganz schön Angst gemacht, was? Fandest du es gefährlich? Wollen wir uns das noch mal zusammen ansehen?«
»Das ist doch kein Grund, so wütend zu werden.«	»Ich kann dir ansehen, wie wütend du bist. Weißt du, warum dich das so zornig macht?«
»Jetzt hör auf, so durchzudrehen!«	»Ich kann sehen, dass dich das ganz schön aufregt.«
»Lass den Quatsch!«	»Ich verstehe nicht, was gerade los ist.« Oder: »Ich akzeptiere es nicht, wenn du ...« Oder: »Ich will, dass du das sein lässt ...« Oder: »Das macht mich wütend, wenn du ...«

»Du bist eine richtige Heulsuse!«	»Du bist gerade ganz schön maulig. Magst du mir erzählen, was dich beschäftigt?«
»Warum kannst du nicht einfach deinen Grießbrei essen?«	»Bist du satt oder hast du einfach keine Lust mehr auf Grießbrei?«
»Komm schon. Sei nicht immer so schüchtern.«	»Ich merke, dass dir das gerade unangenehm ist. Es sind auch ganz schön viele Unbekannte hier. Wollen wir denen nachher zusammen Hallo sagen? Ich glaube, die würden sich richtig freuen, dich zu sehen.«
»Na, Kopf hoch. Das wird schon wieder, du wirst sehen!«	»Du wirkst ganz niedergeschlagen. Hast du Lust, mir zu erzählen, was dich bedrückt? Kann ich etwas für dich tun?«
»Jetzt reiß dich mal zusammen!«	»Wie ich sehe, fällt es dir gerade schwer, mit der Aufgabe anzufangen. Kann ich dir vielleicht helfen, aus den Startlöchern zu kommen?«

Mit der Zeit werden Sie automatisch Sätze wie in der rechten Tabellenspalte bilden, wenn Sie auf die Gefühle, Gedanken, Wünsche, Bedürfnisse und Werte Ihres Kindes eingehen. Sie können sogar einen magischen Moment erleben! Sie müssen nur präsent sein und im Augenblick verweilen, während Ihr Kind seinen Gefühlen nachspürt – ohne Ihr Zutun, ohne dass Sie etwas beeinflussen wollen. Bald variieren sich die Gefühle von alleine, das liegt in ihrer Natur. Wenn Sie sich die Zeit nehmen, den Emotionen Ihres Kindes Raum zu geben, kann es in seinen Gefühlen verweilen, sie allmählich in Worte fassen und diese zum Teil widersprüchlichen und verwirrenden Signale seines Körpers verstehen lernen. In solchen Momenten fühlt sich Ihr Kind gesehen, gehört und ernst genommen. Und das Bewusstsein, akzeptiert und anerkannt zu sein, stärkt seinen Selbstwert.

Dies gelingt, wenn Sie Ihrem Kind mit folgenden Elementen des Gefühlsrepertoires begegnen:

- Präsenz
- Zeit
- Konzentration
- Verweilen im Hier
  und Jetzt
- Augenkontakt
- Aufmerksamkeit
- Einfühlungsvermögen
- Beharrlichkeit
- Intensität
- auf Augenhöhe sein

- Großmut
- Gleichwürdigkeit
- aufrichtiges und tief
  empfundenes Interesse
- Offenheit
- Neugier
- Akzeptanz
- Hingebung
- Ruhe
- im Einklang mit sich sein
- Zusammengehörigkeit

Ein Beispiel von Präsenz

Die elfjährige Meret fragt ihre Mutter:»Mama, wann kaufen wir endlich einen neuen Computer?« Die Mutter antwortet prompt:»Gar nicht, dafür haben wir kein Geld.« Damit könnte die Unterhaltung schon beendet und bald darauf vergessen sein. Meret wäre einen Augenblick lang enttäuscht, aber eigentlich hatte sie diese Antwort schon erwartet.

Schade! Denn so lassen sich Meret und ihre Mutter die Chance entgehen, ein Gefühl von Zusammengehörigkeit und Anwesenheit zu erleben. Lassen Sie uns also die Szene unter diesem Aspekt noch einmal durchspielen:

Meret: Mama, wann kaufen wir endlich einen neuen Computer?
Mutter: Findest du, dass wir einen neuen brauchen?
Meret: Ja, klar.
Mutter: Ist unserer nicht gut genug?
Meret: Der ist total langsam.
Mutter: Und woran merkst du das?
Meret: Beim Computerspielen.
Mutter: Und das nervt dich?

Meret: Ja, und die Spiele, die Jasmin gespeichert hat, funktionieren bei uns überhaupt nicht.
Mutter: Du würdest die aber gerne spielen ...
Meret: Ja, klar. Wir können hier immer nur ganz langweilige Spiele spielen. Außerdem ist der Monitor so klein. Da kann man total schlecht lesen. Mir tun immer die Augen weh, wenn ich etwas für die Schule machen soll.
Mutter: Du hast Recht, mich stört der kleine Monitor auch oft. Aber dass der Rechner so langsam ist, habe ich noch gar nicht bemerkt. Ich spiele ja auch keine Computerspiele. Wenn ich mit Papa das nächste Mal Kassensturz mache, werde ich dran denken, okay? Dann sehen wir, ob wir vielleicht einen neuen Rechner kaufen. Schnelle Computer sind eben teuer.
Meret: Gut.

Authentizität

Authentizität ist vergleichbar mit Präsenz, denn authentisch zu sein bedeutet, sich selbst als jenen Menschen zuzulassen, der man im Augenblick ist. Somit ist die Authentizität der dritte Grundpfeiler des Selbstwerts. Authentizität zu entwickeln heißt, sich als Grundhaltung anzueignen, man selbst zu sein und entsprechend zu handeln: ehrlich, aufrichtig, unverfälscht und echt.

Davon handelt das nächste Beispiel:

Jakob ist knapp drei. Er sitzt auf dem Fußboden in der Küche und ist damit beschäftigt, Bauklötze und Autos aufeinanderzustapeln. Jedes Mal, wenn sein Bauwerk in sich zusammenstürzt, jubelt er laut auf, um sich kurz darauf an eine neue Konstruktion zu machen. Jakobs Mutter steht mit dem Rücken zu ihm an der Spüle und wäscht ab. Sie wirkt bedrückt.

Plötzlich unterbricht Jakob sein Spiel. Wie vom Blitz getroffen, setzt er sich auf und schaut zu seiner Mutter. Offensichtlich beobachtet er sie genau, während sie sich weiter dem Geschirr zuwendet. Jakob steht auf und geht zu ihr, er greift nach einem Zipfel ihres Rockes und zieht daran. Er sieht zu ihr hoch und versucht, Augenkontakt zu bekommen. »Mama, traurig«, sagt er. Was denken Sie, wie die Situation weitergeht?

Entscheidet sich Jakobs Mutter dafür, sich nicht authentisch zu verhalten, wird sie dafür ihre Gründe haben. Zum Beispiel, dass sie ihren dreijährigen Sohn nicht mit den Konflikten, Sorgen und Enttäuschungen von Erwachsenen konfrontieren will. Vielleicht hat sie auch einfach keine Lust, sich mit ihren Gefühlen auseinanderzusetzen, und unterdrückt sie lieber. Oder sie will sein Spiel nicht stören, bei dem er so zufrieden wirkte. Also antwortet sie: »Nein, Jakob, ich bin nicht traurig. Spiel ruhig weiter, Mama geht es gut …« Was immer sie zu dieser Reaktion bewogen haben mag, sie riskiert dadurch etwas sehr Wertvolles: Jakobs Vertrauen und Zuneigung. Wenn sich solche Abweisungen häufen, führt das zwangsläufig zu einer gestörten Mutter-Kind-Beziehung, worunter der Selbstwert von beiden leidet.

In Jakob löst das Verhalten der Mutter große Unsicherheit aus. Da er nur knapp drei Jahre alt ist, kann seine Mutter davon ausgehen, dass er intuitiv gehandelt hat. Er besitzt weder das Vorstellungsvermögen noch ausreichend Erfahrungen, um sich auszumalen, warum seine Mutter traurig ist. Wenn sie ihre Gefühle vor ihm verbirgt, lügt sie ihn an. Kommt dies häufiger vor, wird Jakob dieses Verhalten nachahmen. Noch schlimmer ist, dass Jakob anfangen wird, an seinen empathischen Gefühlen zu zweifeln.

Jakobs Mutter muss sich darüber im Klaren sein, welch außerordentlich großes Gewicht ihre Aussage hat. Sie ist erwachsen, verfügt über mehr Lebenserfahrung als Jakob und ist ihm mental überlegen. Gegenüber einem Dreijährigen wird sie also grundsätzlich Recht haben. Das wiederum bedeutet, dass Jakob zwangsläufig im Irrtum ist. Wenn seine Mutter so verschlossen bleibt, wird Jakob langsam, aber sicher das Vertrauen in sich und seine emotionalen Eindrücke verlieren und ihnen nicht länger nachgehen. Sein Selbstwertgefühl wird auf diese Weise geschädigt.

Wie geht es weiter? Jakob wird sein Spiel nicht wieder aufnehmen. Im Gegenteil wird er von seiner Mutter mehr Aufmerksamkeit einfordern und besonders anhänglich und dominant sein. Er wird sie mit großer Wahrscheinlichkeit durch sein Verhalten provozieren und verbotene Dinge tun – ein Ausdruck innerer Anspannung und Unruhe. Einen anderen Weg, an Antworten zu kommen, weiß er nicht. Was könnte er überhaupt tun, um ernst genommen zu werden?

Wahrscheinlich endet die Geschichte damit, dass Jakobs Mutter ihre Traurigkeit unterdrückt und ihren Sohn auf Distanz hält. Die Stimmung wird sich ändern und Mutter und Sohn haben eine Chance verpasst, Präsenz, Gemeinschaft und Zusammengehörigkeit zu erfahren.

Im Idealfall weiß Jakobs Mutter, dass sie sich besser authentisch verhält: Als ihr Sohn sie am Rock zupft, sammelt sie sich kurz, bevor sie sich ihm zuwendet. Sie lässt den Abwasch stehen, horcht einen Moment in sich hinein und entscheidet dann, was sie ihrem Sohn erzählen und wie sie ihre Gefühle mit ihm teilen wird. Sie gewinnt ein wenig Zeit, indem sie sich die Hände abtrocknet, bevor sie in die Hocke geht und Jakob auf Augenhöhe anschaut. Sie hat die Tränen in ihren Augen nicht weggewischt, um ihrem Sohn zu zeigen, dass er mit seiner Vermutung richtigliegt.

Mutter: Das stimmt, ich bin traurig. Manchmal ist man eben traurig, nicht wahr?
Jakob: Hmm.
Mutter: Erinnerst du dich, als dein Teddybär weg war und du

ganz arg traurig warst? Das habe ich gemerkt. Und weißt du noch, wie sehr du dich gefreut hast, als wir ihn wiedergefunden haben? *Jakobs Gesichtsausdruck wechselt zwischen traurig und fröhlich:* Teddy weg war. *Mutter:* Ja, da warst du traurig. Und so geht es Erwachsenen manchmal auch. Dann sind wir traurig. Aber Jakob, mit dir hat das nichts zu tun. Ich hab dich sehr sehr lieb. Und jetzt bin ich auch schon viel fröhlicher als vorhin. Das war schön, dass du gekommen bist.

Sie umarmen sich. Die Mutter gibt ihrem Sohn einen Kuss. Jakob sieht sie noch eine Weile skeptisch an und kehrt dann zu seinen Autos und Bauklötzen zurück. Vermutlich hat er nicht alle Worte und Sätze verstanden, ihre Bedeutung sicherlich schon. Und er hat die Gewissheit, dass seine Empfindungen ernst genommen werden.

Keine Erklärungen

Wenn Kinder merken, dass Erwachsene Krisen haben und emotionale Schwankungen durchleben, brauchen sie keine großen Erklärungen, sondern Erwachsene, die zu ihren Gefühlen stehen und zeigen, dass sie mit der Situation umgehen können. Jakobs Mutter hat sich etwas einfallen lassen, um mit der Teddybären-Geschichte die Beunruhigung ihres Sohnes auszugleichen.

Als Dreijähriger fehlen Jakob die Voraussetzungen, um die Beweggründe ihrer Traurigkeit zu verstehen. Der Mutter gelingt es aber, ihm die wichtigsten Botschaften auf geschickte Art zu vermitteln: »Ja, ich bin traurig, doch das ist in Ordnung, ich habe alles unter Kontrolle. Meine Traurigkeit hat nichts mit dir zu tun.« Mehr muss Jakob nicht wissen, um sich sicher und geborgen zu fühlen. Die Mutter setzt ihr Einfühlungsvermögen ein und klärt so die Situation Schritt für Schritt. Aufmerksam nimmt sie ihren Sohn wahr und versucht herauszuhören, was er in diesem Moment von ihr braucht. Als er sich seelenruhig wieder seinem Spiel zuwendet, weiß sie, dass sie richtig gehandelt hat.

Jakobs Mutter hat auch dafür gesorgt, dass Jakob sein Einfühlungsvermögen trainiert und Vertrauen zu ihr aufgebaut hat. Auch in Zukunft wird er seine Eindrücke mit ihr teilen. Vertrauen ist neben Empathie, Mut und der Fähigkeit, Gefühle und Gedanken auszudrücken, bei der Entwicklung von Selbstwertgefühl immens wichtig. Jakobs Mutter steht zu ihren Gefühlen und bestärkt als Vorbild ihren Sohn darin, die eigenen Gefühle weiterhin zu akzeptieren.

Die folgenden Beispiele illustrieren, wie wichtig Authentizität im Verhältnis von Eltern und Kindern ist.

Kinder merken alles

Als unser Sohn noch klein war, konfrontierte er meine Frau mit einer Frage. Wir hatten gerade Besuch verabschiedet, da meinte er: »Mama, warum bist du immer fröhlicher, wenn wir Besuch haben, als wenn wir alleine sind?« Unser Jüngster hatte festgestellt, wie ausgelassen seine Mutter in geselliger Runde wirkte, während sie ihm ansonsten eher still und introvertiert vorkam.

Diese naive Frage traf meine Frau wie ein Blitz und beschäftigte sie einige Zeit. Sie erkannte viele Parallelen zu ihrer eigenen Kindheit, was ihr half, verschiedene Dinge zu erkennen:

Erstens verfügen Kinder über einen emotionalen Radar, der so gut wie alles registriert. Zweitens verunsichert es Kinder, wenn Erwachsene ihr Verhalten von Situation zu Situation wechseln. Drittens erkannte sie, dass sie authentischer sein musste, wenn sie das Vertrauen ihrer Kinder nicht verlieren wollte.

Für diese einfache Lektion ist sie unserem Sohn bis heute dankbar. Ihre Bereitschaft und der Mut, über seine Frage nachzudenken, führte sie zu einer persönlichen Auseinandersetzung über die Bedeutung von Echtheit, Ehrlichkeit und Glaubwürdigkeit, die ihr half, zu ihren Gefühlen zu stehen. Identität und Selbstwert wurden so bei beiden gestärkt, weil meine Frau den Mut hatte, in den Spiegel zu blicken, den unser Sohn ihr hingehalten hatte. Dieses Ereignis liegt mehr als zwanzig Jahre zurück, aber Vertrauen und Respekt, die damals entstanden sind, bestehen bis heute. Und sind sogar in bemerkenswerter Weise gewachsen.

Dicke Luft

An die drei Erkenntnisse meiner Frau musste ich denken, als unsere mittlere Tochter ihr eigenes Zimmer bezog. Sie war damals ein Teenager und legte großen Wert auf die Privatsphäre, die sie sich in ihren vier Wänden eingerichtet hatte. Unser Haus war aber schon älter und die dünnen Wände entsprechend durchlässig für Geräusche und Stimmungen.

Wenn meine Frau und ich einen Konflikt austrugen, konnte es vorkommen, dass ich meine Tochter auf dem Treppenabsatz abfing und ihr sagte: »Wenn du das Gefühl hast, hier ist dicke Luft, hast du vollkommen Recht!«

Am Anfang war sie von meiner Direktheit und Offenheit peinlich berührt, aber ich wusste, dass ein feinfühliger Mensch wie sie die schlechten Schwingungen ohnehin längst registriert hatte. Mit der Zeit lernte sie unseren transparenten Umgang zu schätzen und verstand, dass sie je nach Situation Fragen stellen oder sich zurückziehen konnte. Dass ich mit einer Kurzbeschreibung des Konfliktes und unserer Lösungsideen antworten würde, darauf konnte sie sich verlassen. Sie entdeckte sogar, dass sie ihre Gedanken und Ideen einbringen und zum

Ausdruck bringen konnte, was in ihr vorging, wenn sie uns »kindischen Erwachsenen« beim Streiten zusah. Das vermittelte ihr ein Gefühl von Sicherheit und Geborgenheit, da sie als direkte Zeugin spürte, dass wir die Situation unter Kontrolle hatten. Wir vermittelten ihr: Konflikte bedeuten nicht gleich Scheidung und hatten nichts mit ihr zu tun. Wäre das der Fall gewesen, hätten wir sie sofort einbezogen.

Heute mit Mitte zwanzig hat der direkte Umgang mit Gefühlen und Stimmungen ihre Fähigkeit gestärkt, ihre eigenen Emotionen auszudrücken. Unsere Tochter ruht sehr in sich. Zuverlässig und manchmal geradezu kompromisslos, gestaltet sie ihr Leben so, dass ihre persönlichen und beruflichen Beziehungen von Gleichwürdigkeit geprägt sind.

Natürlich wünsche ich mir oft, schon 1977 mein heutiges Wissen in Sachen Selbstwert gehabt zu haben, als unser erstes Kind zur Welt kam und ich als glücklicher und stolzer Vater debütierte. Doch ich bin, wie jeder andere auch, nicht in der Lage, rückwirkend von Erfahrungen zu profitieren. Ich muss mich immer wieder daran erinnern, dass es weder zu früh noch zu spät ist, den eigenen Selbstwert zu stärken und auch andere Menschen darin zu unterstützen, eine solide und tragfähige Freundschaft mit sich selbst zu pflegen. Die Prinzipien sind dieselben, egal wann und unter welchen Umständen Sie damit anfangen.

Authentisch sein weckt Vertrauen

Wenn Sie sich authentisch verhalten, sind Sie ein wertvoller und vertrauenswürdiger Partner Ihres Kindes. Wenn Sie Ihre Gefühle offen und authentisch leben, zeigen Sie ihm, dass Sie emotionalen Zuständen Wert beimessen. So stärken Sie Ihren Selbstwert und sind ein Vorbild für die emotionale Selbsterfahrung Ihres Kindes.

Die Frage ist nicht, *ob* Sie Ihre Gefühle ausdrücken sollen, sondern *wie* Sie das tun. Das heißt aber nicht, dass Sie Ihrem Kind gegenüber jede Gefühlsregung mitteilen müssen. Es geht darum, jene Gefühle zu akzeptieren, die für Ihr Kind relevant sind, weil sie es in einen bestimmten Zustand versetzt haben. Thematisieren Sie Ihre Gefühle, sobald Sie merken, dass sie registriert wurden. Um selbstwertstark zu werden, muss Ihr Kind sicher sein können, dass seine Gefühle, Wünsche, Träume, Hoffnungen, Werte und Bedürfnisse richtig sind. Ihre Aufgabe ist es, dem Kind vorzuleben, wie man die eigenen Emotionen gleichwürdig ausdrückt, was für die meisten ein lebenslanger Lernprozess ist. Die Kunst besteht darin, immer auf Augenhöhe mit dem Kind zu bleiben. Zwei Sätze können Ihnen dabei helfen, das nicht aus dem Blick zu verlieren:

Wenn du dich oder dein Kind auf einen Sockel hebst, beendest du im selben Moment das Gespräch auf Augenhöhe.

Wenn du in einer Situation mit deinem Kind Angst hast, dein Gesicht zu verlieren, vergiss nicht, dass man nur Masken verlieren kann.

Es ist klug und vernünftig, ein familiäres Umfeld zu schaffen, in dem Gemeinschaft, Präsenz und Authentizität geachtet und gelebt werden. Das stärkt nicht nur den Selbstwert jedes Einzelnen, sondern schafft auch das Fundament für eine tragfähige Entwicklung von Familie und Gesellschaft. Ich hoffe, dass Sie im Laufe der Lektüre einige Inspirationen gefunden haben, diese Aufgabe zu meistern.

Schlusswort

Zum Glück ist das Menschenbild schon lange passé, wonach Kinder von Natur aus wild und aufsässig sind und gezüchtigt und gestraft werden müssen, um verträgliche Zeitgenossen aus ihnen zu machen. Heute wissen wir, dass Kinder mit »reinem Herzen« geboren werden und hochmotiviert, kompetent und kooperativ sind. Unsere vornehmste Aufgabe als Eltern ist es, diese angeborene soziale Triebfeder zu stimulieren. Kinder brauchen keine *Erziehung* im traditionellen Sinne, sondern *Einbeziehung*. Man muss sie nicht erst aus dem Sumpf der Unmündigkeit herausziehen, wie es noch bis ins 20. Jahrhundert gängige Meinung war. Vielmehr verlangen Kinder, in die Gemeinschaft einbezogen zu werden, denn sie kommen mit dem brennenden Wunsch zur Welt, ein Teil davon zu werden. Bei alltäglichen Aufgaben wollen sie mitmachen, denn so erleben sie sich als wertvolle Mitglieder der Gemeinschaft. Auf diese Weise entfalten sich ihre Menschlichkeit und soziale Sensibilität auf ganz natürliche Weise.

Bei dieser Entwicklung spielt – wie in diesem Buch gezeigt wurde – der Selbstwert eine zentrale Rolle.

Selbstwert ist untrennbar mit Zusammengehörigkeit verbunden ist. Am besten entwickelt er sich in einer Atmosphäre von Freiheit, Gleichwürdigkeit, Akzeptanz und Vertrauen.

Je bewusster und gezielter Sie sich mit der Entwicklung des eigenen Selbstwerts und dem Ihres Kindes beschäftigen, desto deutlicher werden Sie erkennen, was für eine einzigartige Kraft davon ausgeht: ein Zusammenhalt, den Sie in Ihrem Inneren, in Ihrer Familie und in Ihren Bindungen zu anderen Menschen spüren können.

Ein gesundes Selbstwertgefühl geht über von einer Generation auf die nächste, da die ihm zugrunde liegenden Denk-, Gefühls- und Verhaltensmuster übertragbar sind. Vielleicht spornt es Sie zusätzlich an, Ihren Selbstwert und den Selbstwert Ihres Kindes zu stärken, wenn Sie sich vorstellen, eines Tages zuzusehen, wie sich die Früchte Ihres Handelns in Ihren Enkelkindern widerspiegeln.

Ein kluger Mann hat einmal gesagt: »Selbst der beste Lehrer kann nicht mehr tun als unterrichten. Es ist immer das Kind, das den genialen Akt des Lernens ausführt.«

Kinder *sind* genial. Im Buch des Lebens lernen sie auch, was zwischen den Zeilen steht. Wir können sie höchstens anleiten und sie begleiten. Das Beste, was wir als Eltern aber tun können, ist zusammen mit ihnen wahrhaftig, glaubwürdig, gleichwürdig, authentisch, persönlich und präsent zu sein. Wir müssen ihnen die Vorbilder sein, die wir in ihnen widergespiegelt sehen wollen. Auf diese Weise errichten wir das beste Fundament für eine neue Generation starker Kinder mit starkem Selbstwert.